出版新业态
探索与研究

单瑛琪　王晓娣　郝庆春　著

辽宁人民出版社

图书在版编目（CIP）数据

出版新业态探索与研究 / 单瑛琪，王晓娣，郝庆春
著 . —沈阳：辽宁人民出版社，2023.1
ISBN 978-7-205-10714-7

Ⅰ . ①出… Ⅱ . ①单… ②王… ③郝… Ⅲ . ①出版
业—研究—中国 Ⅳ . ①G239.2

中国国家版本馆CIP数据核字（2023）第012608号

出版发行：辽宁人民出版社
　　　　　地址：沈阳市和平区十一纬路25号　　邮编：110003
　　　　　电话：024-23284321（邮　购）　024-23284324（发行部）
　　　　　传真：024-23284191（发行部）　　024-23284304（办公室）
　　　　　http://www.lnpph.com.cn
印　　　刷：沈阳市池陆广告印刷有限公司
幅面尺寸：155mm×230mm
印　　张：10
字　　数：126千字
出版时间：2023年1月第1版
印刷时间：2023年1月第1次印刷
责任编辑：青　云
特约编辑：赵亚丹
装帧设计：姿　兰
责任校对：吴艳杰
书　　号：ISBN 978-7-205-10714-7
定　　价：39.00元

目　录

第一章　文化产业的数字化变革

生产力的发展是推动人类社会进步的核心动力。科学技术是第一生产力，是提升生产力的关键因素。科学技术的发展给人类社会带来无限可能。人类历史上发生的历次科学技术革命都极大地改变了社会面貌和人们的生活方式。第一次科技革命发生在18世纪60年代至19世纪中期，以蒸汽机的发明为代表，大规模工厂化生产取代个体工场手工业，人类的生产方式、生活方式和文化形态发生了翻天覆地的变化。19世纪七八十年代至19世纪末20世纪初的第二次科技革命以电力和内燃机的发明为代表，人类从此进入电气时代；这个时期的资本主义国家在经济、政治、军事和文化等各方面的发展开始迅速分化，帝国主义争夺世界霸权的斗争更加激烈；科技的发展促进了世界殖民体系的形成，整个世界的联系愈加紧密。第二次世界大战后至20世纪70年代的第三次科技革命以计算机、核能、航空航天和基因技术为代表，人类进入信息时代，极大推动了社会的变革；人类日常生活的各个方面相比第二次世界大战之前，发生了巨大改变，奠定了现代化的基础。

第一节　数字技术革命与数字经济的繁荣

进入21世纪，第四次科技革命发生了。这次科技升级主要集中在人工智能、清洁能源、自动技术、信息技术、虚拟现实和生物技术等领域。人类社会从此进入了数字时代。数字技术将文、图、影像等原本相互隔离的媒体信息转化为计算机可识别的语言，进行加工、存储、分析和传播，从而实现各种类型信息的有机融合；其中，包含大数据、云计算、人工智能、物联网、区块链和5G技术等。以网络信息技术为核心的数字技术变革已经成为推动当下全球经济社会发展的核心技术动力。数字技术与传统行业的有机融合促使行业内部与市场重新洗牌，从而诞生与传统业态既有密切关联又有很大不同的数字经济业态。

数字经济发展的物质背景是互联网技术和高速物流业的迅速发展，早年的电子商务便是数字经济的最初形态。"电子商务"这个名词在公众中高频使用的时间并不长，其实质产业却一直在发展。当互联网技术和物流产业成熟后，数字经济便蓬勃发展起来。数字经济的迅速发展对推动经济转型升级、便利人们日常生活发挥了重要作用。毫无疑问，当前的数字经济已经完全融入现代人类的生活，它既是传统经济的升级，又孕育着更富有想象力的经济形态。

在这个大背景下，我国出台了《中华人民共和国国民经济和社会发展第十四个五年规划和2035年远景目标纲要》，其中第五篇"加快数字化发展　建设数字中国"用相当长的篇幅，对未来中国数字化转型及其数字中国建设的一系列重大方针政策都作出了明确的规定，提到打造数字经济新优势、加快数字社会建设步伐、提高数字政府建设水平和营造良好数字生态等几方面内容。

未来数字化社会的图景在市场变革和顶层设计的勾勒下逐渐清晰。文化产业是国民经济的重要组成部分，其在数字经济的催化下呈现出与以往不同的特征，并且发展越来越快。随着智能手机的普及，以及移动音频和流媒体视频等数字文化消费的常态化，人们汲取信息愈加便捷，移动互联网络能实现的经济行为也愈加多样。数字技术的进步和数字商业模式的同频共振成为未来产业的最大增长点，为文化产业创建出新的发展领域。

数字经济对文化产业发展的意义主要体现在以下几个方面：

首先，数字化的商业模式将覆盖文化产业生产、交换和消费的全过程。支持数字经济的核心技术是互联网，互联网传导信息的便利性和准确性推动文化产业升级，这给传统文化产业带来翻天覆地的改变。站在消费者的角度看，这种改变是有利的，因为它进一步弥合了商家与消费者之间的信息鸿沟，消费者的主动权大大加强，加大了对商家反作用的力度，其理念也更加个性化、互动化和圈层化。因此，文化产业的经营者必须顺应这个数字化的大趋势。

其次，数字化的运营模式提高了文化产业要素的运转效率。在数字经济模式下，文化产品的生产端可以采用最便捷、成本最低的方式进行内容选择和加工，从而摆脱了传统生产方式较低的信息流动效率和较高的试错成本。产品的中间端则减少了许多不必要的环节，迅捷地直达消费者，传统文化产业的中盘被削弱；生产者和消费者均获益，有更大的选择空间和自由度，提高了文化产业的劳动生产率。

再次，数字化的商业模式丰富了文化产业的盈利方式。随着移动支付技术的成熟，公众免费获取互联网信息的心态慢慢改变，逐渐适应了互联网的付费规则。因此，基于网络付费的数字文化产品和服务已经具备生产、流通、交换和消费的闭合盈利模式的条件，不同文化生产要素在数字经济的新模式中发挥了更大的作用。网络虚拟空间聚合的各类社群，就如同现实中的各类市场，但这个市场里的存储和销售成本几乎为零，利润率极大提高且风险极低。

最后，数字经济已经让人们对文化产业的观念发生了根本性的改变。在数字技术的加持下，文化产业的内容和形式都已经与互联网和移动终端密不可分，因此，消费者无论购买哪类文化产品和服务，几乎都在数字经济模式之中。这是技术和市场双方共同作用的结果。对大众而言，提到阅读，大多数人想到的不是传统的纸质图书，而是公众号或网文；提到娱乐，大多数人想到的不是传统的户外运动，而是手机网络游戏——这种现实的转变，极大促进了数字经济的繁荣。

由于技术的加持，数字经济模式下的文化产业省略了传统时代的许多生产环节，运营和交易成本降低。大数据技术对市场和消费信息的及时反馈让企业能在第一时间获知市场需求，发现潜在消费者，降低营销成本，加快产品的迭代速度。文化企业将以往金字塔形的组织结构不断扁平化，对内实现了经营管理信息的低损耗流通，对外通过对用户画像的分析迅速确定潜在客户。数字经济模式因此帮助文化企业实现了高效的商业决策，而这一切的最终结果都会给用户带来更好的消费体验。在数字技术的辅助下，文化企业与广大消费者密切结合，更有助于精准开发新产品和新服务，进行更有针对性、更有效果的营销活动，从而大大激发文化企业的创新积极性。可以说，数字技术让从事文化产业工作变得更加简单，从而提高创业创新成功的可能性，激发广大民众从事文化产业工作的热情，提高就业率。

第二节　文化产业数字化的领域

随着数字技术与文化产业结合得越来越深入，文化产业已经成为人类社会不可分割的组成部分，渗透在生活的方方面面。每个分支方向的专业化发展，都会形成独具特色的数字文化。具体来说，基于传统文化产业的大类，数字化的文化产业类别概括起来大致有如下三种：

一、公共文化资源的数字化

公共文化资源的核心部分是历史积淀下来的优秀传统文化资源。这类文化资源的最大特点是著作权的全社会共有，一方面给了所有人免费共享的机会，另一方面也因此无法形成产业规模。公共文化资源的数字化的主体应该是相关的事业单位和公益单位，从资源保护、留存和展示几方面进行。随着数字化安防技术的进步，目前对文物古籍等的保护基本不是问题，但是留存和展示方面则仍然存在较大空间。对古籍的数字化属于较为成熟的留存技术，会随着出版业古籍整理的进步不断开展。而云计算、虚拟现实等技术的发展，为实体文物的数字化展示和查询提供了便利，不仅节约了消费者的经济和时间成本，还给消费者带来了全新的体验，普及了传统文化的知识，提高了公众对传统文化的兴趣。

二、原创文化内容生产的数字化

生生不息的原创内容是文化产业发展的核心驱动力。由于这类内容著作权归属明细，故而内容主体会进行积极的数字化尝试。传统的内容生产方式被改变，生产者和消费者融合得更加紧密。原创数字化的文化生产平台更是让消费者与生产者成为一体，如抖音、快手和小红书等，信息产品本身就是消费者生产的。原创文化内容数字化的程度，代表了文化产业发展的水平，给文化产业的发展提供了弯道超车的机会，其中表现最突出的就是中国网络文学在全球的兴起，下文会详细论述。

三、文化消费模式的数字化

从互联网发展的早期，台式电脑时代的网络小说开始，文化消费就已经向数字化转型，只不过那时候公众理念中的数字文化还登不上大雅之堂。随着智能手机和移动互联技术的发展，在线移动消费已经成为现代社会的消费趋势，在文化产业也是如此。各类网文App、电子书阅读终端、听书App和视频App对消费者而言，操作起来已经是驾轻就熟，公众也不再对数字文化有任何隔阂与偏见。在线教育、视频会议、直播带货等数字化生活方式极大加速了相关传统领域的新发展。随着技术和资本对数字化虚拟平台的不断投入，文化消费的数字化将呈现出更多的载体和场景。

第三节　关键问题与障碍

我国的互联网技术后来居上，尤其在移动互联方面，在世界上处于相对领先的地位。目前，大数据、云计算、智能手机、可穿戴设备、5G、区块链和虚拟现实等技术在我国均取得很大的进步。国内的数字文化市场日趋成熟，数字文化产业因此得到迅猛发展，尤其新冠疫情期间，数字技术突破了物理空间的限制，网络游戏、视频平台和网络文学等各类数字文化更是得到进一步提升。尽管如此，目前我国数字文化产业的发展还存在一些关键问题和障碍，主要体现在如下几个方面：

一、部分文化产业的从业者和媒体对数字化的商业模式认识不足

传统文化产业由于政策的壁垒，在某种程度上是一个接受保

护的行业。当市场的大门完全打开，数字化潮流汹涌而至的时候，诸多从业者仍然抱着固有观念，对新思潮和新技术嗤之以鼻或者畏惧躲闪，这在一定程度上影响了数字文化产业的正常发展进程。一些片面认识影响了行业的正常发展，甚至影响了商业决策的准确性。一些从业者由于思维的"路径依赖"，只相信实体的产品，而把数字产品视为不真实的和无意义的，在思想上就给产业转型套上了枷锁；个别网络游戏企业的不良游戏，影响了整个网游行业的声誉；短视频领域里个别不良内容的传播，给社会的价值观造成负面影响；还有一些网络作者为了博取眼球创作的文本，在一定程度上影响了公众对网络文学的评价。

二、数字文化的内容结构存在不均衡现象

目前，我国的数字文化产业的不同分支发展呈现较大差异。网络文学方面，无论在质量还是规模上，我国都是当之无愧的第一大国；动漫方面，国产动画电影尽管有《大鱼海棠》《哪吒之魔童降世》等爆款，但总体而言精品不是很多；网剧和视频剧（短视频和中视频）的数量和经济总量位居世界前列，但高品质的剧情片和商业片的发展相对缓慢，尤其是原创、首播、独家、自制的创意文化产品和服务不足。我国在对传统文化的创造性转化方面相对薄弱，具有独立知识产权和中国文化风格的作品较少，尽管出现了类似李子柒那样具有国际传播力的头部作者，但还属于个别现象。这些薄弱环节尤其体现在内容创意上，而尚不完整的产业链体系加剧了这种现象。

三、著作权意识有待加强

随着法治建设的不断深入，文化产业的从业者和消费者的著作权意识不断增强，但仍与现代社会的要求存在一定差距。以往

各种版权保护办法对标的主要是实体文化产品，比如书籍和影像作品等，对数字文化内容版权保护的司法实践经验相对不够丰富；再加上数字文化产品的非实体性，可变动的可能性大，造成了取证困难等特点。在数字文化领域，侵犯知识产权和私人信息等行径已形成各种各样的产业链和非法获利群体，所以数字文化版权的保护机制有待进一步细化。另外，与实体文化产业相比，数字文化产业平台的聚合能力更强，信息内容呈现几何级增长和迭代，传统的审核机制难以应对。比如，在网络新闻方面，虚假评论和"水军"的出没，在一定程度上影响了公众的舆论导向；网络视频播放量存在"注水"现象；网络游戏领域的"外挂"已经成为一条灰色的产业链，影响游戏产业的合理发展。

四、不掌握核心技术的话语权，商业模式优化困难

信息技术和商业模式是支撑数字文化产业的基础。在智能手机领域，系统主要使用的是美国谷歌公司开发的移动操作系统安卓（Android）和苹果公司开发的移动操作系统（iOS），我国自主研发的鸿蒙操作系统占据的市场份额很小。我们的技术开发必须依托于发达国家的操作平台，遵守他们制定的规则。商业模式陷入了试错成本与创新收益不断博弈的泥潭，再加上资本对业绩数字的极端追求，造成了一切创新都似乎紧盯着消费者荷包的状态，看不到星辰大海的创新思想。这不仅影响了消费者对数字文化的体验感和信任感，更影响了正常的产业生态打造。

五、贸易保护壁垒对数字文化的对外贸易形成阻力

海外各国出于对自身文化的维护，出台的各种限制措施对我国数字文化产业的"走出去"造成不利影响，其目的就是企图降低中华文化在海外的影响力和竞争力。比如，在有些国家和地

区，我国游戏发行商较难获得当地政府颁发的游戏发行许可证，一些动漫影视作品也较难获得发行和放映权限。因此，从数字文化产业的国际竞争环境看，在互联网信息技术日益发达的今天，文化贸易壁垒可能会成为我国数字文化出海的重要障碍之一。

第四节　加快我国文化产业数字化创新发展的建议

数字文化产业是当下数字经济中极为重要的组成部分。随着虚拟现实技术的不断完善，许多网络技术企业将数字化虚拟平台作为数字经济的目标指向，这其中文化元素充当着不可或缺的角色。只要数字技术有了新突破，与之相应的数字文化产业就会随之而动。数字科技与文化的相互促进，不断催生着数字文化内容的迭代更新。这其中数字技术的进步是第一步，是平台和基础；而核心在于文化内容的有机融入，这是增强数字经济下文化产业竞争力的关键。

移动互联技术已经随着智能手机的普及将我国的消费市场塑造成熟，再加上深厚的文化积累，单从规模上看，我国的数字文化产业已经取得了很大成绩。当然，高速的增长也带来不少问题，在实践中对这些问题的有效解决，对产业的高质量发展起到了促进作用。我们必须做到，客观认识和评价文化产业在数字经济背景下的发展现状，着眼于关键要素的提升，不断优化社会环境和经济环境，积极与国际先进水平对接，将数字文化产业放在国家文化建设的高度去理解和审视。具体而言，可通过以下几个方面来努力：

一、客观认识数字文化产业的价值

尽管当下最流行的数字文化基本都呈现碎片化和视觉化的特点，充斥着虚构与不确定性，但不可否认的是，它已经深深融入公众的日常生活中，涉及范围广，影响力度大，从政策制定方到市场经营主体，谁都无法躲避数字化的潮流。在社会功能与产业拉动的合力影响下，数字文化必然是国家政策和战略关注的重点，不仅关系到我国的消费升级和产业结构调整，也关系到我国新时期的文化建设。所以说，正确认识数字文化产业的价值对全社会当下和未来的发展都至关重要。在这个基础上，才可能重视数字文化的社会教育功能，进而在技术上对数字文化内容的审核机制进一步严控和优化；才可能不断培育数字文化消费市场，在人才、资金等政策上给予支持；才可能形成良好的创作和生产氛围，像传统实体文化产业那样培育出高原和高峰作品。

二、加强内容引导，为社会主义先进文化建设作出更大的贡献

内容是文化产业的核心，数字文化产业也是如此。优秀的内容离不开正确的价值观，要把中华优秀传统文化、红色革命文化和社会主义先进文化有机融入其中，通过文化自信、文化自尊和文化自豪感充分巩固具有强大凝聚力和引领力的社会主义意识形态。这既是文化产业自身的职责所在，又是数字经济的优势所在。数字文化借助移动终端，实现了高速传播，非常容易被公众获取和吸收。文化产业从业者要充分利用数字技术、方法和商业模式，打造贴近现实、展示时代风采和弘扬时代精神的精品力作，通过富有吸引力的数字文化精品引导公众凝神聚力，践行社会主义核心价值观。要加强数字文化产品发布平台的政策督导，

让大局意识和底线意识牢牢植入企业日常的运营中，培育积极向上的数字文化消费氛围，营造清朗的数字文化空间。在教育领域，要加强编辑出版学科中数字出版专业建设，助力学术体系的建设和学术话语权的形成，从而在理论上对实践起到更好的指导作用。

三、进一步完善数字文化产业的公共服务模式

政府主导对数字文化企业的服务是必须坚持的根本，因为只有这样才能牢牢守住意识形态的阵地，进而完善基础设施和平台建设，降低企业研发和生产成本。要根据不同类型的数字文化企业的特殊情况，建立不同的治理和服务标准和程序，切忌搞"一刀切"，针对具体的细分行业，如直播、网游和网络文学等，制定具体的政策。强化政策的稳定性和动态监督，引导行业协会等民间组织介入辅助政府服务，真正能从生产实践的最前沿出发，与实际需求紧密结合，形成规范、顺畅的市场机制和现代化治理体系。注重利用大数据和智能分析技术，充分调研市场现实，实施更加精准的市场培育和用户管理策略，逐步建立良性的消费市场。还要大力加强对知识产权的保护，维护法律的权威性和震慑性，坚决打击各类盗版和侵权行为，维护数字文化产品开发者的权益，从而保护创新的积极性；同时，大力倡导培养商业诚信，建立透明的数据流量监控体系和隐私保护机制。

四、注重人才培养，加大内容创新力度

源源不断的原创内容是数字文化产业发展的核心动力。客观评价我国数字文化产业的发展成就和国际地位，就会看到我国不仅在核心技术上受制于人，而且自主创新力度也较弱的现实。一切内容创意的来源都是人才，因此必须密切关注发达国家对数字

文化人才的培育方法和吸引政策，借鉴成功经验，为己所用，根据我国实际情况，提升数字文化人才的培育、发展和引进能力，快速壮大人才队伍。有了高质量的人才，才有可能利用先进的数字技术和商业模式，将中华优秀传统文化和社会主义核心价值观转化为民众喜闻乐见的数字文化产品和服务。同时，还要加强数字文化产业成果高效转化机制的建设，为内容创新创造良好的商业变现条件和发展环境，从而对优秀人才和创意提供正向激励，形成良性循环。

五、加快提升数字文化产业的国际竞争力

立足国际市场就要有全局视野，扬长避短，充分利用自身的资源和比较优势。作为有着五千年历史文化的中华民族，深厚的内容资源积淀是我们的最大优势。要充分利用先进的数字信息技术和高效的商业模式深入挖掘中华优秀传统文化，加强经典文化与新时代先进文化的紧密融合，打造与国际接轨的数字文化产品和服务。目前，我国的网络文学出海十分成功，可乘胜追击，建立国际性的网络文学平台，充分整合国际资源，开发优质版权，利用发达国家的技术和经验，吸引资本和渠道的多维合作，建立国际性质的版权资源库和营销网络，从而大幅度提升我国数字文化产业的国际传播能力，促进文化交流和相互理解。

第二章　出版新业态的内涵与外延

出版是记录、保存和传播知识信息的主要方式，是文化产业中的基础性行业。仅从经济产值上看，出版业在国民经济中的比重较低，但由于其记载巨量知识信息的准确性、系统性、便捷性和低成本性，使得这个行业的社会影响力很大。出版业一直以来与人类社会的科学技术进步紧密关联，甲骨金文、竹木简牍、造纸术和印刷术……每一次技术的进步，都会给出版业带来飞跃式发展。出版业的迭代与技术进步同频共振，随着数字技术和商业模式的发展，出版的载体形式、技术手段、传播方式、营销方式和管理理念等也因此发生革命性变化；数字技术与数字经济正开足马力推动出版业驶入数字时代的大发展时期。

当然，纵观出版业的发展历史，新技术的迭代并不会导致出版业的消亡，反而会促进其加速变革和发展。以我国的图书产业迭代为例，从最初的竹木简牍，到手抄纸本，到雕版印刷和活字印刷，载体材料、制作工艺和生产流程不断变化，经生消失了、刻字工失业了，但是图书这种媒体反而历久弥新，继续担负着人类知识的传承与传播的使命。最重要的是，图书的读者得到了最大的便利，这难道不是出版业的终极目的吗？媒介载体的新与老，只代表使用者体验的不同，并不意味着内容的创新和守旧。

目前，出版业新旧媒体正处于不断变动、竞争和融合的状态。新业态不断涌现，积极创新和攻城略地，不断挤压实体出版领域的战略空间。网络文学网站有着海量的作者队伍，掌握巨量版权资源——从数量上看，这些都是传统实体出版行业望尘莫及的。当然，纸质实体出版行业也在不断改变自己，当下基本实现了生产流程的数字化和营销渠道的多元化，正在努力向着产品形态丰富化的目标迈进。新旧业态之间你中有我，我中有你。无论怎样，出版新业态的出现具有历史必然性，是社会科技环境发展和产业自身发展的共同结果。相关从业者唯一的选择只能是张开臂膀热情地拥抱它，否则就意味着会被无情地淘汰。

第一节　出版新业态的含义

在数字技术的加持下，文化产业数字化进程加速发展，身处其中的出版业自然而然地进化出不同以往的特征，我们称之为出版新业态。概括地讲，出版新业态是指有别于传统出版业态的运营形式，以数字技术为基础，根据读者的多元化和个性化需求，在产品形态、商业模式和经营管理等方面，系统化全面化的升级和创新；具体表现为出版产品的数字化、营销发行的网络化和经营管理的信息化。

出版新业态的核心在一个"新"字，因此它是一个开放的概念，始终在不断变动中：按需出版、电子书、听书、网络出版、云出版、知识付费……这一个个的新名词体现着对传统实体出版的创新，都属于出版新业态的范畴。这些不同的新业态模式在发展过程中各具特色，衍生出不同的出版生态圈，在产品形态、经营方式和服务模式等方面均会呈现出新的形式。例如，阅文集团和七猫小说的网络文学出版，知乎和网易云课堂的知识付费，喜马拉雅和懒人听书的音频产品，等等。

在产品形态方面，除了电子书、听书和网络文学等，还产生了包含真人视频、动画以及虚拟现实和增强现实技术等内容的复合媒介出版物。这些全新的产品形态为读者带来丰富、真实和生动的阅读体验。尤其值得一提的是，随着移动互联网技术和5G技术的成熟，消费者具备了与出版者互动的可能性，并且可以为不同的读者提供个性化和场景化的阅读内容。

在经营方式方面，传统出版企业的生产流程不断现代化和标准化，如云章复合出版ERP管理系统的广泛应用，将出版流程数字化、科学化和规范化，提高了生产效率。新业态也优化了出版流程，降低了出版成本和经营风险，例如，在成熟的交易平台上，电子书的载体制作成本几乎为零，这样实体出版占比最大的纸张印刷成本造成的风险消失了；音频听书可以跳过纸质出版环节，直接将内容有声化，这就使得听书出版企业的内部构架与传统实体出版社完全不同。

在服务模式方面，由于新业态对产品形态要求的多元化，出版企业若想真正转型，就必须树立服务商的意识，打破过去单一产品生产者的固化角色思维。只有这样才能从传统惯性中解脱，根据需求的多样化提供多样化的产品，将传统出版资源与新技术有机融合，打造多样化的信息产品库，从而提供更系统、更深入的知识服务。例如，辽宁出版集团在大连成立版权运营基地，其下属分公司春风文艺出版社在其中设立网络（数字）文学港，开发运营网络文学，帮助网络文学作家成立工作室，为其提供全方位的创作服务。

第二节　多样化的新业态出版形式

科学技术的进步促进记录信息的介质不断演化。新业态出版物的介质基本都是数字化的，从电子存储器、网络文学到网络音视频和数据库，如果问它们的共同特征是什么，那就是去实体化。数字技术与内容行业的深度融合，流媒体技术和5G的发展，使得出版物的载体形式越来越多样；与此同时，信息碎片化与繁杂化的趋势催生着出版物内容的不断进化。各种传播形式的联合，实现了对同一内容的多渠道多形态传播。本节对新业态的出版形式做一个概括性质的分类，具体的重点产品形态后面会有专门章节论述。

一、动态组合出版

在学术出版领域，动态组合出版模式基本成熟，数据库会根据检索者或消费者的需要，将其需要的信息条目进行个性化售卖。这种方式与学术出版天然契合，因为读者对学术类信息的需求多为论文形式，以大数据技术为基础的服务平台基于读者的点击频率和阅读偏好对信息进行自动编辑组合，个性化投放给相应读者，实现差异化、精准化出版，进而降低人工成本，提高企业利润。随着人工智能和深度学习技术的发展，以及平台积累的海量数据，动态组合出版的效率也越来越高，满足了学术类读者的深层次阅读需求，出版行为更加精细化。

二、自助出版与协同出版

随着互联网技术的飞速发展，作者拥有了直接面对读者的机会和能力，形成了"去出版中介化"的趋势。在当下信息爆炸的背景下，获取出版素材已经不是太难的事情，作者在计算机和网络技术的辅助下不依靠传统出版机构，自行出版自己的作品也变得相当方便。这就形成了自助出版。协同出版指的是跨越物理空间和时间，不同出版人发挥各自特长，进行协作编辑工作，提高出版的工作效率。这种方式适合超大型项目和图文、音视频等富媒体产品。当然，自助出版与协同出版在当下由于政策和技术的限制还不是很成熟，但这两种模式绝不仅仅局限在理论上，在实践中会随着客观条件的成熟而不断发展，作者与编辑之间的协同也将变得更加顺畅。

三、多媒体数字化出版

多媒体数字化出版业态涵盖广泛，在某种程度上就是通常人们理解的狭义的出版新业态。电子书、音频听书、网络文学、网络条漫和知识付费等，都可以归属到这个板块来。数字出版是随着信息技术的进步不断发展的——2G时代出现了以移动运营商为代表的手机文学出版主体；3G时代出现了以中文在线和掌阅为代表的电子书和网络文学出版主体；4G时代出现了以喜马拉雅、快看和知乎等为代表的有声书、网漫和知识付费出版主体。在流媒体技术的影响下，读者对于数字出版物的阅读习惯已经从文字型向视听型转变，富含音视频甚至虚拟现实内容的综合型数字出版物已经得到不少读者的青睐。当然，受制于技术的限制，读者的喜好还停留在新鲜感的尝试状态，兴趣很难持久；而随着5G时代的到来，高速度低时延的流畅感会大大增强读者体验，带来更为丰富真实的阅读效果。

四、网络互动出版

触屏技术的发展让网络互动变得更加简洁。对屏幕的点击触碰和滑屏翻页等手势操作，几乎没有动作门槛，甚至连学龄前儿童都可以轻松掌握，这就使互联网的互动性极大增强。这种改变是革命性的，它让传统出版的读者与作者的界限模糊了。读者就算不能决定数字出版物的内容，但作者毫无疑问会受到影响，作品内容的走向已经打上了读者的烙印。在可以预见的未来，当人工智能技术在数字出版领域深度融合后，将打破创作与阅读的界限，智能出版终端会根据对读者的需求和分析，自动编辑出版作品，读者通过智能出版终端成为内容的参与创作者，交互的方式也将更为简便。

五、泛媒体出版

出版的本质是内容与文化的传播，数字信息技术的发展不断扩张着媒介载体的边界，媒体的概念泛化了，万物皆媒体，万物皆可出版。随着资本对数字技术的巨额投入，就像现在的可穿戴设备一样，桌面、摆件和箱包等生活用品，门窗、厨卫和墙面等居家环境，汽车、列车和飞机等交通工具，都可能将媒体融入其中，都有可能成为出版阅读的载体。尽管这种极具科幻色彩的情景目前只在电影中出现，但数字科技的迅猛发展已经超乎想象，将带来数字设备的升级与阅读终端的多样化和快速迭代。当然，内容载体与传播方式尽管泛化，但泛媒体出版的核心还是为不同的读者提供个性化的阅读内容和场景化的读物。

第三节　发展出版新业态的意义

社会历史发展的车轮滚滚向前，任何行业如果跟不上时代的发展，必将遭到淘汰。数字技术已经融入人们的日常生活，移动互联网对新生代而言是与生俱来的，就如同空气一样不可或缺又十分普通。文化产业的数字化是不可阻挡的历史趋势，身在其中的出版业不可能例外。智能手机和可穿戴设备等移动终端的不断发展，为文化产品的呈现提供了更加广阔的平台，使得阅读更加便捷。越来越多的用户选择数字化阅读，出版业理应满足消费者的需求。鉴于此，为了生存和发展，传统出版必须加快融合转型。概括来讲，发展出版新业态的意义有三大方面：

一、优化出版流程，提高出版效率

从出版企业内部经营管理的角度看，全数字化的工作方式和大数据技术的应用，不仅能协助出版工作者更科学地捕捉读者的阅读需求，优化商业决策，压缩出版周期，提高出版效率，而且也有利于开发各类新的出版物形态。目前为止，国内绝大多数出版企业已经实现数字化办公，相比传统出版，劳动生产率得到极大提高。

二、打破产品形态边界，从多渠道获得利润来源

在数字技术的环境中，媒介的多元化和用户需求的升级，让出版企业必须打破路径依赖，构建以先进技术为支撑、以内容建设为根本的融合发展的新格局。出版业提供的文化产品不可能是单一的形态，必然要实现：一个内容，多种创意；一个创意，多

次开发；一次开发，多个产品；一个产品，多种形态；一种形态，多条渠道。因此，出版业要淡化传统媒体与新媒体各平台之间的壁垒，真正实现融合出版。

三、扩大品牌影响力，增强企业抗风险能力

相比实体出版物，数字出版物在传播效率上的优势是巨大的。传统实体出版企业的产品和服务品牌经过网络和数字化，可以实现最快的传播和放大，进而强化品牌影响力，提高抗风险能力。当然，互联网平台的开放性和低门槛使得数字产品数量泛滥，质量良莠不齐，再加上人工智能技术在信息筛选和监管方面尚不完善，呈现给读者的信息的精细度和准确度难以保证——这就需要出版企业坚持社会效益第一的原则，对自己提供的数字产品进行严格把关和审核。

第四节　存在的问题和解决的思路

发展出版新业态既然是一种历史的必然，那就必须得到正视。高速发展的数字技术和整个文化产业的数字化进程是不可阻挡的，传统实体出版企业若跟不上社会的进步，无法在产品形式、传播方式和品牌塑造等方面进行全面改革，那必然会被时代淘汰。梳理目前国内出版企业在融合发展方面普遍存在的问题，有助于我们有的放矢，提出针对性的解决方案。

一、出版理念还不够先进

当前国内出版企业从业者接受的教育和积累的工作经验还多为传统出版时代留下来的。那时出版的媒介主要是纸媒，编辑根

据政策和市场的要求策划选题、组稿、出版，产品基本都是纸质印刷物；出版之后，对版权的再开发基本属于空白。在数字化时代，技术弥合了出版者与读者之间的信息鸿沟，读者获取信息的主动性大大增强，掌握了更多的话语权，人人都可以在网络平台上独立发声。在这种新形势下，若仍以传统的出版理念开展工作，仅仅满足于只出一本书或一期杂志，则难以满足读者的需求。

二、高质量的出版内容还不够丰富

数字技术和互联网的大规模应用拉低了发表内容的门槛，海量信息推陈出新，传播方式不断增多，读者每时每刻都能获得新鲜内容。不过，这种海量信息的爆炸式更新碎片化程度较高，准确度却难以保证。内容的生产者容易心浮气躁，对文本的创作只求快不求准，难以保证质量；而对流量的偏执追求，加上互联网获取信息的便捷和廉价，内容生产者极有可能直接抄袭或者对内容"融梗"进行隐形抄袭——长此以往会严重影响创作能力，使出版的优质内容越来越少，影响了出版业的长期健康发展。

三、盈利模式和渠道还不够多元化

当下出版企业的盈利模式还比较单一，核心部分还是实体书的发行回款，但由于上游原材料的价格波动和版权费用的水涨船高，出版企业的利润越来越薄；而线上销售平台，尤其短视频电商的超低折扣行为，更是让实体出版业雪上加霜。尽管如此，出版企业似乎只能"硬扛"，难以找到利润的替代来源，因为在版权运营和数字化过程中，当下绝大部分出版企业自身并没有转化平台，必须通过与相应的行业对接才能成功，这就导致传统实体出版企业对项目没有话语权和主动权，运营结果也就变成被动等待。出版企业的发行方式和盈利模式虽然看似很清晰，但数字出版尚未形成突出的利润贡献，过分依赖传统渠道的现状还是没有根本改变。

四、缺乏适应新业态的融合出版人才

这个问题其实与出版理念的更新密切相关。人才是传统出版顺利转型和发展的关键和基础。出版业在由传统转向新业态的这个时期，最需要的是那种既精通传统出版，又拥有先进出版理念，深谙出版精髓又善于运用丰富媒介形式、能贯彻实践新业态模式的人才。从传统实体出版企业视角看，由于历史传统，编印发供闭环业务体系已经运行几十年，部门机构和人员也因之配备，编辑和其他相关人员大多没有新媒体技术和平台的工作经验，而专业的计算机和互联网人才又不擅长编校等基础性工作——人才"两层皮"的现象可能还会持续一段时间。

那么，该如何解决出版新业态发展中存在的问题呢？

就出版新业态出现的背景而言，传统与现代是一个连续不断的有机发展过程，是传统的内容与新技术的形式的完美融合。市场对出版新业态产品和服务的需求尽管不断扩大，但毕竟是一个循序渐进的过程，因此广大出版企业还有时间从容应对，从理念、内容、流程、技术和人才等方面全面升级优化，实现新旧媒体的生态共享融通与集聚。具体而言，出版企业可以从以下几方面努力，解决出版新业态发展中存在的问题：

（一）彻底升级出版理念

理念的创新和思维的转型是一切改革的基础。要改变传统出版业那种"唯纸媒为尊"的思维惯性，实现思维的开放，在坚持做好精品纸质出版物的同时，多维度挺进，积极吸收其他的业态形态。要持续关注最新的数字技术发展，寻找其与出版业的契合点，才能提高出版效率，博得新时代读者的关注。要树立读者至上的运营理念，变"以编辑为中心"为"以读者为中心"，在确保社会效益的前提下，根据当下读者的特点提供多种形式的内容产品，满足其对内容个性化和形式多样化的需求。当然，出版业的使命永远不会变，依然肩负着文化传承和传播的任务，但它的形式一定是文化内容与数字技术高度融合的。在这个未来的大方向下，坚持社会效益和经济效益的统一，让优质的内容优势一直保持下去，是传统实体出版企业首先要做的事情，因为这不仅是"根"和"魂"，更是自身的资源和比较优势。面对汹涌而至的新技术，传统出版人要有战略定力，不畏惧新形势带来的诸多挑战和困难，提高对数字技术的学习能力和综合出版能力，努力建立融合出版体系，掌握出版新业态的话语权和主动权。不过，从行业生态的总体而言，这种突破"舒适圈"的创新行为必将是一个循序渐进的过程，在错失了很多发展机遇后，出版人应该意识到变革的必要性和紧迫性。出版新业态将改变行业的格局，最终孵化出新的出版龙头企业。

（二）坚持内容的核心地位永远不变

在媒体多元化的时代，出版业吸引消费者的能力并不十分突出，用户沉浸在信息的海洋中，获得内容越来越容易，但优质内容永远是稀缺的，这点对新旧媒体是相同的。没有过硬的质量，不会得到读者的青睐。严把质量关，根据定位读者群的需求，提供优质的阅读产品永远是正途。新业态模式下的出版业要继续做优做强内容资源，挖掘优秀的作者，编辑优质的内容产品，并充分利用大数据技术，准确分析和把握用户的阅读习惯与喜好，以此为基础进行创意策划，从而实现社会效益和经济效益的有机统一。不过，从传统实体出版转型而来的企业必须要意识到，自己的产品与当下乃至未来火爆的短视频类和碎片阅读类产品有着本质不同。以图书这种媒体为例，传统纸质图书有着几千年的深厚积淀，其中蕴含的知识是海量的，但这些系统化和深入化的信息产品对读者的吸引力肯定无法与新媒体相比。这时，发挥比较优势就极为重要。一方面要继续坚持传统的编辑优势，加强精品内容的打造与遴选；另一方面更要加强对版权的开发，用更多的形式承载优质内容。传统实体出版企业坚守内容核心，然后在此前提下整合资源优势和编辑优势，基于当下读者的需求精准投送产品，以满足公众日益增长的文化需求。

（三）充分重视新技术在出版业中的应用

数字技术是促进传统出版发展的关键要素，出版企业内的从业者要打破"技术恐慌"，张开臂膀拥抱新技术。在经过充分调研和论证的前提下，投资建立资源数据库，让出版资源信息通过数字技术的整合成为"中央厨房"，然后利用大数据技术和人工智能技术，提高决策和运营的效率。积极开发各类新形式的产品，形成以纸质图书出版为基础，电子书、听书、知识付费和视频等产品为重要补充的产品战线。尤其要重点关注移动互联网与新兴社交媒体的发展，因为这两者会带来社群经济与垂直电商的爆发式增长，早期介入者可获得红利，晚进入者则将面临一片红海。传统实体出版企业在新兴经济的嗅觉方面略显缓慢，这是需要重点改进的地方。出版企业可以以图书、作者、品牌，甚至编辑为切入点，与新技术进行连接，构建不同层级的项目和项目集群，进而建立相对闭环的交流环境和更为紧密的关系。新业态出版物的内容与读者的连接是实时的、多元的、多维度的。

（四）重视数字文娱领域的开发

大众的文化娱乐生活与技术进步结合得异常紧密，甚至有一些技术就是为了文化娱乐而诞生的，收音机、电视机、单机游戏、联机游戏、网络游戏、手机网游……随着数字信息技术的发展，大众的文娱方式越来越丰富，也越来越贴近生活。数字文娱行业一日千里，也带来文娱内容版权价值的突显，而这方面正是出版业的核心竞争力。拥有适合文娱开发价值的版权资源，将会给出版企业带来丰厚的利润，因此，基于内容的版权体系建设与价值体系完善就变得异常重要。出版企业充分运用版权资源，再结合当下先进的数字技术，整合原创作者、版权内容、出版者和改编者几方力量繁荣深度融合出版，让富媒体出版物、交互出版物与影视、游戏作品的界限越来越模糊。当前，已经有不少出版企业以短视频、广播剧和动漫等形式试水市场，在影视、综艺和游戏等领域适当投资。在数字化时代，数字文娱将成为出版的重要变现路径。

（五）紧抓培养内容和技术俱佳的复合型人才

任何行业的竞争归根到底都是人才的竞争，既真正懂得传统出版，又掌握新技术的复合型人才是出版新业态不可或缺的核心资源。从企业员工做起，树立新技术的应用意识，定期举办新技术的培训，目的就是从理念上实现新旧融合。只有人的观念得到改变，才能从行动上真正改变，对新媒体技术与平台有一定的掌握，利用新媒体技术为用户提供形式多样的内容产品。要从其他的新媒体行业吸纳人才到出版业，为出版业带来新风气，打破惯性思维的困境，将出版新业态意识贯穿内容生产过程的始终，确保企业各环节的数字化有效运行，为读者提供更优质的产品和服务。

（六）对出版企业内部结构进行适应性调整

根据新业态的发展现状，出版企业应结合自身特点不断优化，如成立数字出版部，负责实体出版物的数字化，同时独立策划开发数字选题；成立新媒体研发部，在新业态的最前沿不断探索尝试。有些出版企业已经取得很大成绩，在新冠疫情刚出现的那段时间，除了在各大平台进行直播荐书外，还在短视频等各类新兴媒体上发力，多头并进，开展图书营销与品牌宣传。这期间，人民文学出版社的抖音号粉丝增长近20万，今日头条号粉丝达40万，官方微信关注人数超60万，在出版社开设的账号中名列前茅；形成了微博、微信公众号、今日头条、抖音、快手、知乎和豆瓣组成的新媒体矩阵；营造了以官方账号为主、其他编辑部账号齐头并进的格局。

第三章　出版企业发展新业态的路径探索

相较于出版新业态，纸质阅读产品的出版形态是传统的，但传统不等于落伍。就算在新冠疫情肆虐的环境下，世界范围的纸质图书出版业仍然是增长的，只不过与大多数传统行业一样，这种增长是微弱的，且已经长时间处于"瓶颈"状态。

所有传统出版企业都在寻找突破"瓶颈"的途径，发展新业态是必然的选择。不过，摆在面前的现实问题是：传统出版业到底应该怎样发展新业态？

想要正确回答这个问题的核心障碍其实只有两个，那就是企业的运营成本和技术能力。因为出版新业态的平台基础是计算机互联网技术，其对运营资金投入的量级已经远超传统出版企业承受的范围，技术层面更是始终处于前沿且日新月异。传统出版企业若想从物理层面入局，其实就等于闯入了另外一个行业，隔行如隔山，成功的难度可想而知。中文在线、阅文、知网、超星、喜马拉雅、懒人听书……出版新业态从萌芽发展至今，能"留存"下来的企业基本都是非传统出版行业的资本入局者；传统出版企业平台建设试水成功者寥寥。

在残酷的市场环境里，企业成功的关键是聚焦自己的核心竞争力。出版企业的核心竞争力就是其丰富且高质量的版权内容资源。将自身的优势发挥到极致，树立对版权内容多维运营的观念——目前来看，全版权开发就是出版企业发展出版新业态的最佳路径。

第一节　新时期出版业全版权开发的背景

出版企业对版权内容全面开发的经营行为并非新鲜事物。在纸质媒体强势的年代，市场化高度发达的欧美出版业的附属版权开发收入已经是重要利润来源。当今，随着数字技术的发展，国内出版业市场化程度的大幅提高以及良好的政策支持，出版企业必须抛弃单一的纸质产品思维，树立"全版权"的产品观念。文化和旅游部颁布的《关于推动数字文化产业高质量发展的意见》中强调：培育和塑造一批具有鲜明中国文化特色的原创IP，加强IP开发和转化，充分运用动漫游戏、网络文学、网络音乐、网络表演、网络视频、数字艺术、创意设计等产业形态，推动中华优秀传统文化创造性转化、创新性发展，继承革命文化，发展社会主义先进文化，打造更多具有广泛影响力的数字文化品牌。全版权运营始终是出版产业深入发展的方向。

首先，随着5G商用的加速推进，新技术的广泛应用给人们的生活和工作带来巨大变化。5G技术带来的高速率、大容量和低时延的特点将使出版业在新时代迎来更多、更大的机遇。5G技术的逐步应用将从选题策划、内容资源、编辑加工、产品发布、渠道构建和市场营销等诸多方面，对出版业的转型发展产生深远影响。5G技术在革新传统出版流程等方面的优势将为原创版权的开发以及版权的多维转化提供全新的思路和机会，把握好5G时代的新机遇，将会以全新盈利模式赋能出版产业。

其次，出版行业运营的核心和不变的准则是内容为王，内容资源的核心是文本价值。文本表现为人物、故事、情节、场景等关键要素，通过这些要素为受众群体搭建一个可以沉浸其中的世界。传统纸质出版物以图书为表现形式，随着媒介环境和技术的更新发展，富媒体的传播形式成为人们接收信息的重要源头。优质内容从创作源头抵达受众需要以多种形式呈现，包括图文、有声书、音频和视频等，不同的文化产品形态带给受众不同的感官体验，从调动受众单一感官向多种感官联动获得沉浸体验。从展现形式上来看，优质的内容可实现多种方式呈现，充分发挥传播价值的内在要求。按照加拿大传播学家马歇尔·麦克卢汉"媒介即信息"的观点，媒介形式与内容同样具有重要的信息价值。随着文化产业内容的不断深化，媒体技术的发展助推了内容行业按照自身逻辑演变的进程。

再次，互联网时代，人们的阅读方式正在发生深刻的变化，获取信息的方式和媒介不再限于纸质出版物，影音媒体等全新的产品形态和多媒体互动性的阅读体验受到欢迎，并在这个泛娱乐时代大为普及。数字出版物的销量和市场份额逐年增加。人们阅读习惯和阅读理念的变化源于阅读需求的更新，信息传播的加速让碎片化的内容和浅阅读占据受众大部分的阅读时间。阅读需求的个性化、多样化特征日益显露，人们接收新信息的速度越来越快，学习新知识的需求也越来越旺盛。受众个体对于阅读体验的要求呈现分化趋势，同时主动搜寻各种内容资源的意愿和能力不断加强，知识素养和独立思考判断能力逐步提升。当文化消费群体的阅读偏好和阅读习惯发生变革后，文化消费的焦点也随之发生转移。

最后，也是最重要的，出版产业必须坚持以实现社会效益为先，讲好中国故事，讲好中国价值观故事，这是身处新时代出版行业必须坚持的初心和使命。习近平总书记指出："一个民族、一个国家的核心价值观必须同这个民族、这个国家的历史文化相契合，同这个民族、这个国家的人民正在进行的奋斗相结合，同这个民族、这个国家需要解决的时代问题相适应。"讲好中国故事的使命是坚定文化自信的体现。内容资源作为版权开发全产业链的源头，决定了一个民族、一个国家追求理想生活目标的故事叙述话语体系。中国人民创造的五千年历史文化，中国人民坚持走和平发展、合作共赢的道路，中国人民同世界人民共建人类命运共同体……这些宏大题材都是出版产业要讲述的故事资源。优质版权的全方位开发，影响范围更加深广，不仅对于满足中国人民群众日益增长的美好生活需要具有重要作用，也适合海外推广，进而展现良好的中国形象，讲述优秀的中国故事。

第二节　实体出版业全版权开发的积极探索

生产纸质图书的实体出版企业，基本都集中在传统出版行业。目前，在教育、专业和大众三大传统出版领域，专业出版的数字化水平相对最高，教育出版的数字化类型相对最为丰富，而大众出版的版权开发运营相对最为灵活——其中尤以传统文学的版权开发更具特色。下面就以传统文学出版的全版权开发为论述重点，深入探讨实体出版企业在这方面的积极探索。

优质的内容是所有类型版权开发工作的起点和源头，一部作品在经过多方资源的助力后，才能形成一个具有平台价值的版权项目。传统文学出版流程规制非常严格，一方面保证了传统文学内容的高质量，另一方面也导致其版权开发较为缓慢，很多传统文学版权在市场中的巨大发展潜力还未充分释放。

很多经典的传统文学作品具有超越时空的影响力，在版权开发方面的内容优势亟待挖掘。本节重点以网络文学为参照系，分析传统文学的一些特征，并不面面俱到，从而更有针对性地探讨实体出版机构版权运营的无限可能。

一、传统文学的比较特征

传统文学作品在题材选择、创作投入和文本发行传播等方面，与时下极易成为现象级版权产品的网络文学具有明显的差异性：

第一，很多传统文学的现实观照性较强，关切社会现实议题，深入历史变化，剖析人性深处，具有较高的艺术价值和思想价值，经岁月沉淀成为经典。《白鹿原》《平凡的世界》等现当代中国无可替代的经典文学作品，对于现实世界中有关议题的关注具有网络文学作品所不能达到的深刻性。《寻找张展》将对探寻的思考和对自我的叩问内嵌到两个完整的故事中，文学技巧非常高明。这类经典的文学作品对于读者的阅读来说是养分的汲取，能够给读者的精神世界带来巨大的震动，引发读者关于生活的意义的深层次思考。

第二，传统文学作品的创作投入和发行传播较网络文学的传播投入更大。一部经典文学作品往往需要长时间的打磨，这期间作者要付出巨大的精力，需要花费较长的时间。作者在开始创作前，必须进行大量的准备工作，包括亲自前往故事背景发生地实地考察和记录，收集整理相关的背景资料，查找文献资料进行必要的知识储备等。比如，《云端小学》这部优秀的儿童文学作品，讲述一位年轻的支教老师扎根大凉山深处的一所小学，为大凉山中众多孩子插上梦想翅膀的故事。这个故事的原型是大凉山依惹村小学的校长刘建华，他在大学毕业后就扎根大凉山。作家迟慧在开始故事创作前，到大凉山依惹村与刘建华校长、支教老师和孩子们同吃同住几个月，体验生活，搜集创作素材；与大凉山的孩子们聊梦想谈未来，这才能在作品中淋漓尽致地表现出孩子们渴望上学、渴望走出大山的愿望，切身感受刘建华校长放弃城市繁华、甘心吃苦、奉献青春的朴素愿望。

第三，传统文学作品的营销发行传播渠道较为固定。传统文学作品的发行工作由出版企业的发行部专门负责，包括监测市场动向、开拓市场空间，针对市场表现良好的作品研究后续加印等工作。因此，读者获取传统文学作品的渠道也相对单一：在实体书店或网络书店下单购买。相比之下，读者可以通过电脑平台端、手机端和阅读器等一切可以连接互联网的终端阅读网络文学。

二、传统文学版权开发的优势和劣势

版权开发的最大价值在于将原本通过图书销售一次性的交易，变成同一内容由多元化媒体承载、传播多次分发的流通过程，让同一内容以多种不同方式进入市场。传统文学的版权开发有其先天优势：

第一，从内容资源来看，传统出版机构获取内容的渠道更具有权威性。由于历史积淀深厚，出版社往往与本行业的权威作者和专家之间有着密切的合作关系，能更加迅速和直接地获得相关智力支持。

第二，从传统文学在出版企业内经过的出版流程来看，传统文学作品经过严格的三审三校，甚至专家外审等多重审读环节，流程规范。这种规范的流程确保了出版内容的高质量。

第三，从传统文学的受众认可度和忠实度来看，传统文学的创作问世基于出版企业对市场的精准把握，是经过多方的调研论证而确定的选题；同时，传统文学的受众群体具有一定的稳定性，对于内容产品的认可度和忠实度较高。

基于内容的经典性和深刻性，大量优秀的传统文学作品能够起到传播中华文化、讲述中国故事的积极作用。这些优秀的经典作品以其深厚的文学底蕴在传播上突破时间的限制，随着一代又一代的读者成长，受众基础深厚，在版权开发流程中具有先天的市场优势。传统文学版权转化的可能性比较广泛，有声小说、广播剧、影视剧等形式都有助于传统文学作品以版权形式重回市场，以优质丰富的内容实现社会效益和经济效益，以单一作品为核心打造内容产业链。

传统文学版权开发的劣势在于，文本的体量略显不足。与网络文学动辄几百万字的体量和规模相比，传统文学作品的字数较少，篇幅较短，因此为版权开发提供的"素材"相对不够丰富，为打造产业链提供的"原材料"相对短缺。反观网络文学，版权开发企业可依据其海量的文本内容，打造完整的产业链条；针对每一个版权项目推出全方位的产业链计划，并通过聚集大量的粉丝形成强大的号召力。比如，在年轻读者群中备受欢迎的《盗墓笔记》系列和《鬼吹灯》系列，从最初的网络文学作品到图书出版、有声书、广播剧、大电影、网络剧、电脑游戏、手机游戏、剧本杀……同一文本内容在版权化运营的模式下逐渐形成品牌效应，让原本受众基础良好的内容通过版权化运营逐步走向大众群体，进而进入日常消费场景。

虽然在数量和体量方面，传统文学作品的版权化运营无法与网络文学抗衡，但是其精品化的内容生产方式是网络文学不可企及的优势。目前，经典传统文学作品在出版之初为版权开发作出相关规划的案例越来越多。针对体量不足的问题，传统文学的版权开发必须更早筹谋规划，在出版流程伊始规划打造版权、运营版权，赋予精品文化产品内容多重生命力，通过制定详细的版权运营方案，为具体内容找到版权适用的场景。

我国出版产业中有大量题材独特、内容丰富、思想价值深刻、艺术风格引领时代的优质潜在版权资源，值得进行版权开发的作品数量可观；但需创新思维，突破既有行业模式规范，以适合的方式赋能传统文学，助力其走上版权化之路。经典文学作品如《平凡的世界》《白鹿原》《红高粱》等是在中国现当代文学史上留名的经典之作，这些作品与影视行业的联动充分释放了其版权价值。比如，继电影版《白鹿原》和《红高粱》得到受众的一致认可后，又以电视剧的形式呈现。图书、电影、电视剧等不同形式的改编赋予经典内容以多元的生命力。在纸面文字经由镜头转换为影视语言后，原著作品实现了向更加广泛审美方向的转变。

传统出版企业掌握的众多优质出版内容资源，具有全版权开发的巨大潜力，具有爆款版权的核心特征，并可充分利用互联网的高效连接、传播和转化特征，实现跨平台分发。尽管多平台转化后呈现的作品有优有劣，但不可否认的是，如果不将其进行版权化运营，在当今碎片化阅读和视频媒体的冲击下，这些经典内容恐会与受众拉开更远的距离。类似于网络文学与其他相关行业的良好互动，经由各类平台改编的传统文学版权，在传播范围和价值变现等方面将会持续获得发展红利。

三、传统文学全版权开发的主要类型

随着传统出版业态的不断发展，出版物的载体形式越来越多样化，传统文学的传播路径也跟随时代变化寻求新的方向。很多出版社以传统文学的内容优势为抓手，探寻从以图书产品进入传播流程，到以内容资源掌握传播流程话语权的战略，以战略层面的思维升级为文化产业提供新的发展思路。在全版权开发的尝试中，当下传统文学多以打造精品版权和布局全产业链发展为指导，充分利用自身内容资源优势，运用融合发展思维和互联网信息技术。具体表现为对优质内容展开整体策划，合理开展版权运

营工作，实现版权价值的最大化，进而实现文化产业融合发展的目标。

　　一方面，传统出版机构利用内容优势积极主动为作品寻找其他形式的市场机会，由出版机构主体运营内容资源。比如，开发有声音频上线喜马拉雅、懒人听书等平台，自主打造文创产品等。另一方面，一些出版机构对于无法独立展开的版权开发等，与影视公司、动漫制作公司、游戏公司等专业运营公司开展合作，将内容优势与渠道优势进行互补。传统出版机构想要在竞争激烈的文化市场继续发展壮大，基于优质版权资源的全面开发是不二之选。

　　（一）影视改编

　　传统文学版权的影视化改编起步远早于网络文学，并非新鲜事物。历史上许多经典的电影、电视剧等就是改编自经典文学作品，这点毋庸置疑。从20世纪90年代开始，王朔、张爱玲、琼瑶、海岩等人的作品均被改编为影视作品，让一些长篇小说以大众喜闻乐见的影视形式出现。由张艺谋导演对莫言的代表作进行改编的电影《红高粱》，成为中国电影史上不可撼动的经典之作；继电影之后，电视剧版的《红高粱》在首播后也收获了良好的口碑。这种改编形式让优秀的文学经典拥有更多机会展现其独特的艺术价值。传统文学作品的生命力潜藏在版权开发和运营的背后，更加成熟完善的版权运营模式可以充分释放版权价值，提高版权影响力。

　　近些年，以影视剧、游戏、动漫、直播等为代表的文化娱乐产业发展势头良好，其中以文学原著为底本进行版权开发的影视剧越来越多。影像化的呈现方式符合图像时代人们接收信息的心理期待。在疫情暴发之前，电影行业的市场增长幅度逐年攀升；以先进的设备和播放技术为保障，影视剧成为大众更乐于接受的艺术形式，成为内容创作和传播的最主要形式之一。传统文学作品经过影视改编后，往往能收获新一轮的市场认可和销售利润。

鼓励对版权进行二次创作，积极开发衍生品类并与场景相结合，是促进版权价值衍生的重要一环。与后现代主义密切相关的改编影视作品绕不开《大话西游》的问世，这部由刘镇伟、周星驰合作拍摄的具有颠覆性意义的影视改编作品，让中国经典四大名著之一《西游记》以全新形式获得版权生命。此系列先后推出多部作品，不仅收获了观众口碑上的认可，还引发行业内对内容改编限度和思想深度的探讨，时至今日对受众粉丝群体依然能够产生强大的市场号召力。《大话西游》以一种全新的方式让文学作品丰富了影视创意，延伸了传统文学在文化产业中的多方价值。

（二）音频听书

听读这种行为，在人类历史上一直存在。我国传统的说唱、评书和相声等曲艺文化经过几千年的进化和传承，已经是我国优秀传统文化的重要组成部分，也是广义上的古典文学，为当下的听书音频开发沉淀了海量的珍贵资源。听书市场的繁荣发展需要大量优质选题，传统出版机构的优势逐步显露。

回溯传播介质的变化，人类的信息传播发展史就是一部人类的进步发展史。媒介的发展从早期的文字和印刷媒介诞生起一直在更新迭代，信息传播的方式和文化产品的形态，以及人们获取信息的消费模式和信息消费理念都发生了深刻的变革。当短视频和影像成为获取信息的主要途径，抖音、快手等短视频平台的超级流量成为社会生活中的重要信息渠道。

与此同时，也正是因为生活节奏的加快，人们对于信息获取的效率要求不断升高，一度被认为要走向衰退的有声广播类的伴随媒体，在人们的日常生活中以信息传播的即时性和对媒介载体设备要求较低的优势占据了相当的市场份额。尽管新媒体的传播方式在传播力度和传播广度上优势更加明显，但车载广播、有声音频 App 的方便性是影像媒体无法企及的。传统文学给音频听书提供了海量的优质文本和选题，是目前最活跃、最有发展前景的版权衍生类型。

（三）网络游戏

互联网的日新月异让人们的信息获取、内容分享、休闲娱乐等集中在这个平台上。在众多休闲娱乐方式中，客户端网络游戏和手机端网络游戏在文娱产业的收入中占据大半。根据文学版权改编的游戏进入市场后往往能够吸引大量玩家，在游戏运营中获得可观的收益，甚至还能带动相关图书、影视产品的二次销售。

随着信息科技的发展和游戏运营流程的完善，我国游戏市场规模逐年增长，近几年迎来了井喷式的增长。这也是人们文化消费需求扩展的必然结果，从过去的纸质图书到影视剧，再到游戏的盛行，生活水平和娱乐消费方式的发展是同步的。为了不断开发和更新游戏产品内容，各大游戏开发商和游戏运营商也都将视线转向了传统文学版权，寻找内容丰富、人物性格特征鲜明、具有较高传播价值的作品进行改编开发。这些优质文学作品的读者部分可以转化为游戏玩家，忠实的受众群体作为游戏项目的运营保障，能够降低游戏开发和后续运营的未知风险。

在客户端网络游戏和手机端网络游戏市场中，以古代经典文学作品、历史著作、武侠小说和童话故事为版权进行游戏情节设计改编的占多数。传统文学作品作为版权进入游戏领域，其开发潜力和开发难度是对应的，因此，从现有市场上对传统文学进行改编的游戏作品来看，对文学作品进行游戏版权开发的项目大多相对保守，还未实现深度开发。传统文学版权对游戏改编的赋能还有待进一步深入挖掘，主要有以下几方面原因：

1. 传统文学作品的内容具有高度概括性和深刻的思想意蕴，

作者为版权进行挖掘需要投入大量的时间精力和人力成本。游戏设置中若想彻底还原原著的情节和场景，对技术水平要求较高，成本投入较大。

2. 传统文学版权在游戏的开发中，深刻的思想内涵价值往往很难得到恰当传达。游戏本身的形式和内容承载着人们休闲娱乐的需求，以趣味性为市场推广要点，这也是游戏形式本身与传统文学版权开发之间的一条悖论；同时，这也成为游戏产品开发传统文学作品的过程中实现品质提升的着力方向。

3. 以传统文学版权作为游戏主线进行开发设计的游戏，在运营和推广过程中往往难以准确把握游戏卖点。游戏开发商为了尽快占领市场，赢得大量粉丝受众的喜欢而放弃更具有文化意义和深刻内涵的宣传卖点，而是投入大量精力和资金对游戏的娱乐性进行推广。未来以传统文学版权为主线内容的游戏改编，在宣传和推广方面要针对内容提出富有文化意涵的方案，充分结合传统文学所具备的内容深刻性和艺术独特性，扩大受众数量。目前，对于传统文学版权改编的游戏作品受众主要集中在中年以上的游戏玩家，而年轻群体才是网络游戏的主体受众。传统文学版权改编的游戏，在市场运营和受众基础维护等多个方面仍有较大的潜力可挖掘。

（四）周边文创

从书签、玩偶、文具、冰箱贴到U盘、手机壳……市面上琳琅满目的文创产品中一般都能找到几个耳熟能详的版权形象。从《山海经》中的上古神兽到《西游记》和《大话西游》的衍生版权，不一而足。

针对版权内容进行二次开发，已经是版权行业内促进版权价值衍生的重要方式。从行业发展阶段来说，新文创显示了版权打造从"流量为王"到"内容为王"的演进路径。根据国家针对促进版权发展政策现实的市场状况来看，国家鼓励对版权进行二次创作，积极开发衍生品类并与场景相结合，在保有既定版权价值的基础上实现衍生增值。说到底，新文创是一种科技和文化的结合，试图打造版权的相关出版企业都有计划将文创周边纳入版权文化生态产业链之中。

大众消费群体的消费理念和文化消费水平已经发生了质的提升，对于一件产品的消费不再局限于实用性，而在于其所承载的文化概念——这既有国家政策支持的原因，也有消费群体对物质追求不断升级的内因驱动。从对产品外在形式和内容的需求，到增加消费产品精神体验的需求，精神层面的新需求需要由产品背后的故事来引发读者共鸣。

将传统文学作品与文创周边结合的产品设计是将传统与现代创意结合的一次尝试，成为打破传统经典与现代文化之间矛盾的一个突破点。将传统文学中深厚严肃的思想内涵融入新文创产品固然具有一定的难度，但众多在这二者中找到平衡点的创意产品，证明了这条路具有可行性。比如，大英博物馆将莎士比亚等作家和文学作品中的人物移植到儿童洗澡使用的小黄鸭身上，一只外形样貌与大文豪如出一辙的小黄鸭形象，既可爱又带有几分幽默气质，不经意间即可激发儿童对于传统文学的兴趣；再比如，一些潮牌服装在创新设计时，会将《山海经》中的神兽形象或《西游记》及其衍生版权《大话西游》《西游归来》等元素印制到文化衫上，提取作品中最具有代表性的文化元素，并进行合理的创意设计，将传统意象转化为适合进入传播渠道的文化符号；同时，这些文化品牌也在借助这些文化符号打造自身的品牌文化，增强受众对于自身品牌的认可度和忠诚度。

第三节　数字网络出版全版权开发的成功实践

相比国内的纸质出版物，数字网络出版企业的全版权开发之路走得更加畅通和丰富。因此，研究数字网络出版的特点及其全版权开发的运营模式，对明晰出版新业态的商业生态具有很强的参考价值。国家新闻出版署印发的《出版业"十四五"时期发展规划》，重点强调了要大力发展数字出版新业态。在大众出版领域，网络文学是数字网络出版业的重要形态，其本身就是出版新业态的一种。它的主要形态是发表于网络平台的、原创的、连载的长篇大众小说。网络具有的开放性与平等性，增强了作家与读者之间的交流与互动。互联网媒介不同于传统出版，其运转周期更短：一部作品变成纸质出版物通常要半年以上才能与读者见面；而网络平台则是以月、周、日的周期运转的，符合当下人们的快餐阅读需求，网络文学由此悄然兴起。

随着VIP付费制度的出现和完善，网络文学的产业生态更加丰富。丰富多彩的网络文学内容已成为全产业链开发的内容源头，建立起一条将出版、影视、游戏、动漫等文化产业串联起来的完整产业链，较为充分地实现了全版权开发的产业模式，创造了较大的社会效益和经济效益。

一、网络文学的文本特性

目前，网络文学领域推出了众多具有重要商业价值的版权项目，这些"大版权"之所以能全方位释放产业价值，除了运营商的开发能力强大外，网络文学的文本特性起了决定性作用。

第一，较强的娱乐性。因为发表门槛低、创作限制少，网络文学的作者在创作时更多关注轻松悠闲的生活内容，而这也契合网络受众群体休闲娱乐的阅读需求。这就决定了网络文学自诞生起就自带娱乐基因。

第二，更强的大众属性。大众属性与网络文学的娱乐性紧密相关。传统文学作品往往由某一领域具有专长的作家进行创作，而网络文学的作者不再受限，广泛的大众都可以成为网文写手，随时写随时发布到相关平台上，比如晋江文学、起点中文网、红袖添香等网站。尽管网络文学作品也需要审核，但与传统出版物相比，其审核标准相对宽松，流程也相对简易，故而发表也相对容易。另外，网络文学的受众群体阅读的目的是放松娱乐，故而搜寻的作品也是大众喜闻乐见的。于是，从创作者到阅读者的不设限，让网络文学成为真正意义上从大众到大众的作品。

第三，独特的互动性。这是区别于传统文学作品最重要的一个特点。新的故事内容发布后，读者的评论和意见反馈即时跟进，读者可以对情节推进和人物性格，甚至语言风格提出意见，网文写作者多会参考读者意见，进行接下来的创作。网络文学以这种方式增加创作者和阅读者之间的灵感碰撞机会，读者通过这种方式间接参与故事的创作。

第四，风格的多样性。传统的经典文学作品在题材选择和内容表现深度方面有着严格的要求，多为现实主义题材或浪漫主义题材，但网络文学的创作从现实主义、浪漫主义到意识流、荒诞派，再到轻小说、轻漫作品等，五花八门。从写作内容到表现形式花样繁多，层出不穷的网络文学为大众读者提供了可自由选择的阅读盛宴。大众属性让网络文学向着题材的多元化发展，网络文学形成了都市、玄幻、科幻、推理和仙侠等二十多种大类型、二百余种小类型，还新产生了诸如二次元、体育、种田和工业等题材。这些完全基于读者兴趣细分产生的叙事模式与定位读者之间不断互动磨合，作者与读者关系越来越紧密，作者通过不同的故事背景、人设和情节满足相应的读者的阅读需求。

第五，题材的现实性逐步增强。在网络文学发展初期，大量非现实题材作品取得了巨大成绩。不过，文学创作的源泉是植根于社会生活的，作品中的幻想无论多么天马行空也必然是现实的折射，否则难以与读者产生共鸣，吸引力也就无从谈起。但是，毕竟幻想作品可以忽略不少生活细节，作者不用事先做深入调研，创作难度要比现实题材作品小一些。现实题材作品必须要按照现实逻辑进行叙事，营造真实的生活细节，因此创作难度相对较大。随着行业发展逐步深化，题材多样化成为网络文学内容发展的必然趋势，对时代风貌的反映也是网络文学的重要内容。那些贴近社会热点和公众兴趣的接地气、有温度的现实题材网络文学作品同样受读者欢迎。进入新时代以来，政策层面不断要求加强网络内容建设，加强现实题材创作，不断推出讴歌党、讴歌祖国、讴歌人民、讴歌英雄的精品力作。在这个大背景下，反映时代精神风貌的现实题材作品成为网络文学发展的旗帜和坐标，创作的主流化和精品化趋势更加明晰，题材结构更加优化，现实题材作品占比进一步提高。在产业政策和社会需求的双重引导下，网络文学作家和平台方都开始有意识地将主流意识融入作品里，质量显著提升，社会影响进一步扩大。正面书写历史的作品越来越多，幻想类的作品也更加注重向经典文化汲取养分，注重弘扬中华优秀文化，科技创新和科幻元素得到重视。网络文学类型化融合的趋势进一步增强，新的发展理念和格局正在快速构建。

二、网络文学的受众特点

近年来，随着我国对知识产权保护力度的加强，数字内容版权的运营环境也得到优化，网络文学产业因此迅速发展。《2021中国网络文学发展研究报告》显示，从2011年起，中国网络文学用户规模呈现上升趋势，2018年中国网络文学用户规模突破4亿人，2021年中国网络文学用户规模达到5.02亿人。中国网络文学活跃用户中，95后读者占54.5%；付费用户中，90后占比已超过用户总量的66%。可见，网络文学读者群体表现出更明显的迭代性，读者普遍年轻化、粉丝化，付费意愿更强。

在互联网时代诞生的新生代和支付技术的进步，共同推动了付费阅读的发展。当下大部分年轻人认为，为数字产品付费是正常的行为。《2019腾讯00后研究报告》显示，77%的00后易为自己喜爱的数字产品付费，付费意愿和付费习惯在新生代中已经养成。在一项对新生代兴趣爱好的调查中，48%的00后表示自己有喜欢的虚拟形象，17.2%的00后将虚拟形象当成自己的偶像。虚拟偶像身上的一些特质已经开始像真人偶像一样，对粉丝产生了思想和行为上的影响，虚拟偶像陪伴他们实现自我成长与自己的人生价值。

值得关注的是，绝大部分还属于在校生的00后的付费意愿和付费习惯已经与95后基本持平；未来10年，随着其消费能力的增强和消费习惯的养成，他们将成为网络文学消费的核心力量。他们不仅有网络付费阅读的习惯，表达欲望同样突出，并且对在互联网的虚拟社区交往保持浓厚的兴趣，网络社交蔚然成风，各式各样的圈层和社群的内部消费潜力巨大。对网络文学企业而言，这些都是亟待挖掘的宝藏。

三、网络文学的版权属性

网络文学内容的特点决定其天生带有版权价值和潜力，加之近年来版权产业链的发展和完善，网络文学的版权运营在文化产业中已经占据重要地位。由网络文学改编的影视剧一再掀起社会讨论热潮，并带动催化影视、游戏、音乐、动漫等全产业链的繁荣。

随着网络文学用户付费意识的逐渐增强，网络文学行业创造了更多有价值的作品。网络文学行业的盈利模式主要来源于付费阅读、版权售卖和广告收入等形式。近年来，网络视频的火热让网络文学的版权营收持续提升，整个行业市场规模增长非常迅速，《2021中国网络文学发展研究报告》显示，2021年我国网络文学市场规模已经超过200亿元。

网络文学的版权开发和运营最早是从影视改编开始的。网络文学与影视的互动既带动了网络文学实体出版的市场销量，更为影视行业提供了优质的内容源头。良性互动让双方实现共赢。网络文学的版权价值在某一领域突显后，更能在后续的转化开发中释放更多活力。2021年，网络文学拉动下游文化产业总产值超过1万亿元。网络文学版权由独立运营向合作、联动开发扩展，已经形成全版权运营生态圈，对数字文化产业的贡献进一步提升。

2021年发布的《新华·文化产业IP指数报告（2021）》指出，在产值前50名的版权中，网络文学原生版权占比最高，达到40%。网络文学经过网游、动漫和影视等改编，捕获了更广泛的受众群体，进一步放大了版权内容的源头价值，对网络文学企业形成了重要利润补充，推动了网络文学商业模式的不断进化。目前，相关网络出版企业的运营重点已经放在着力培育和孵化自主版权上，希望实现实体出版、有声音频、影视、动漫、游戏和周边文创等多种形态产业的同步发展；同时，围绕潜力版权开展全产业链运营，从源头打通上、中、下游文化产品间的合作通道，进而让版权获得更长久的生命力。

然而，尽管网络文学构建全版权运营生态已经取得诸多成果，但如何建立符合中华文化特点的"版权宇宙"仍无实质性突破，体现时代精神的精品力作依然欠缺，融梗甚至抄袭等侵权现象时而出现，影视改编忽视艺术技巧，游戏改编创意欠缺……这些都需要引起创作者和生产者的重视。另外，随着"免费阅读+广告"的网文商业模式的兴起，已经成熟的付费模式遭受一定的冲击。商家要通过免费阅读盈利，一定程度上就会偏重网文数量而忽略质量，内容趋于同质化。版权孵化能力不高、营收模式单一等问题逐渐显现，创作者的著作权保护困难重重，盗版等侵权问题难以得到真正解决等，这些都是制约行业发展的关键因素。

四、网络文学版权开发的历程

根据版权的市场价值增值幅度的大小，可将中国网络文学版权运营的发展大致划分为三个阶段：萌芽期、快速发展期和爆发式增长期。

（一）萌芽期

2015年以前，中国网络文学版权运营处于萌芽阶段。这一时期，"版权"一词开始明确指代具有产业价值的文化内容。网络文学与影视和游戏的联动，让更多文化产业运营商注意到其在商业方面的价值。至今影响力余波不散的《步步惊心》和《甄嬛传》等因改编成电视剧而大火，网络文学成为影视剧改编大受欢迎的内容资源。在此时期，盛大文学已经提出全版权运营的概念，并积极构建由多元业务组成的完整产业链，将版权经营从网络连载延伸至实体图书出版、动漫、影视和游戏等多种业态，以实现版权产业价值的最大化。虽然这一时期网络文学的版权运营还是以实体出版和改编影视作品为主，其他产业涉及较少，但已经为后续的全版权运营指明了发展方向。

（二）快速发展期

从2015年开始到2016年下半年，这是中国网络文学版权运营的快速发展期。很多人将2015年作为"版权元年"，这一年仙侠题材网络文学《花千骨》的版权通过多种形式同步开发，获得巨大的市场热度，成为国产电视剧播放量最高的剧集。剧集的热播同步带动同名手游上线，手游为"花千骨"版权带来更加可观的经济收益。影视和游戏的同步联动让版权运营就此发现新方向。2015年，《何以笙箫默》和《琅琊榜》等网络文学版权也以影视剧的形式实现价值的爆发式增长。同样是在2015年，腾讯收购盛大文学，阅文集团成立，开启了以版权为核心的运营模式。从萌芽阶段到快速发展阶段，版权的内容价值得到了最大限度的关注，文化产业运营商逐渐开始将运营的重点转向粉丝价值，网络文学的版权运营更加贴近市场需求，由此进入下一个发展阶段。

（三）爆发式增长期

从2016年开始，版权的开发和衍生价值的探索成为热门，这也导致了后续版权价格暴涨、价格虚高的市场乱象。2019年，阅文集团旗下影视开发平台新丽传媒将网络作家萧鼎的经典作品《诛仙》改编成电影《诛仙Ⅰ》，上映后连续5个单日斩获当日票房第一，成为中秋档票房冠军。阅文集团同时拥有原著小说的独家电子书版权。结合电影的热映，阅文集团多个阅读平台通过互动进行粉丝激活，进一步提高了原著小说的热度，作品阅读量和销售收入均出现明显增长：根据阅文集团发布的报告，QQ阅读《诛仙》小说全平台总收入增长11.7倍，阅读量增长11.7倍；起点读书《诛仙》原著阅读量增长8倍，收入增长10倍以上。作品的成功得益于图书影音联动，影视作品与原著小说互相借力，同一内容、不同形式的作品之间的碰撞，持续产生更大的能量，不断扩大原始版权的影响力。《诛仙》原著与电影的相互促进，再次印证了版权开发的巨大潜力，也充分揭示了网络出版行业发展的大方向。

此时期，出现了一些优质版权内容因未得到适当开发而造成口碑下滑的现象。当版权的运营从内容为重点转向粉丝经济为重点时，版权剧和版权手游的质量就难以得到保证。数量庞大的低质量版权产品充斥市场，严重稀释了版权本身应该发挥的产业价值。由此，整个网络文学版权运营进入了全新一轮精耕细作模式，开始深耕内容和全产业链，业界相关企业开始谋划为版权运营找到一条适合长久经营发展的路线。在此期间，阅文集团提出打造泛娱乐化时代背景下的中国版权产业的号召。中文在线也开始组建超级版权工作室，回归以文学为中心、以投资授权分成等多种形式获利的深度开发阶段。部分曾在产业链条内扮演版权运营商角色的参与者，有更多机会创造性地参与到版权开发和运营之中。

五、网络文学版权开发企业的运营模式

无论网络文学版权企业还是实体出版企业，其核心资源就是内容版权。基于版权的多维开发，网络文学因其更有泛娱乐产业的特征，产品开发的类型更多，也更灵活。网络文学企业的商业模式是通过构建产品服务模式、客户受众模式、资源整合模式和盈利融资模式等，实现企业利润和价值创造，进而去满足消费者文化娱乐需求的。

纵观国内的网络文学出版企业，阅文集团占据约九成以上的市场份额。依靠强大的内容资源优势，阅文集团着力打造依托网络原创文学的版权产业链，尝试构建新的泛娱乐生态，以期实现版权多元开发和运营：鉴于手机阅读的蓬勃发展，将网络文学资源投向 App 推广，主要有 QQ 阅读和起点阅读；与喜马拉雅合作，开发网络文学作品有声听书；与 PPTV 合作，推进作品的影视转化……可以说，阅文集团的商业运营模式具有典型性，值得认真剖析。

（一）资源整合模式

阅文集团的母公司腾讯在娱乐产业布局较早，拥有庞大的自主资源和业务体系：网络游戏、影视、动漫、电子竞技、QQ音乐等产业均有公司与阅文集团合作，扩展了网络文学作品的商业价值和潜在市场。不同于中文在线、掌阅、阿里文学和百度文学等，阅文集团前期收购的网络文学网站大都属于行业的优秀品牌，核心读者群体人数大规模增加，读者由于偏好和忠诚自动转为优质消费顾客。目前，腾讯在影视剧、动漫和网游等方面的开发，已经在相关行业占据重要位置。最重要的是，腾讯自家的QQ和微信等社交软件自带数量庞大的潜在读者群，为阅文集团提供了取之不尽、用之不竭的市场资源；优秀的版权改编作品又叠加带来新的潜在社交用户。这种跨越平台的循环模式形成产业闭环，其他网络文学企业面对如此强大的对手很难再与之抢夺市场份额。

网文作者与阅文集团签约后，根据合同要求，所发表作品的后期开发基本属于"全版权"模式，即网络文学企业参与作品的内容版权的全部授权、改编和变现。阅文集团会根据每部网络文学作品的点击量、订阅数和流量情况，判断其市场价值，并根据文本特征策划不同的产品类型。对非常适合游戏、动漫或影视改编的热点作品重金投入，增强与粉丝用户的沟通与互动，加速"明星版权"塑造，进而反哺其他业务；深入网络文学版权衍生开发全过程，打通全产业链，让"文学超越文学"。商业投入、研发、产出、运作与盈利呈现了从产业链上游、中游到下游，涉及多个行业获取价值的泛娱乐产业特征。这条自上而下的内容版权的资源整合产业链，将一部作品的商业价值挖掘到了极致。

从阅文集团的商业实践可以看出，网络文学作者本质上是一种超组织的人力资源，且具有外包特征——他们为企业创造了核心的商业价值，以单个项目合同为约束，与企业形成松散的劳务关系，但又不是直属员工。网络文学企业通过这种人力资源模式，实现了高效率的劳务资源优化整合，最大限度降低了成本。不只作者，读者有时也会成为网络文学企业的众包资源。众包指的是一个公司或机构把过去由员工执行的工作任务，以自由自愿的形式外包给非特定的（而且通常是大型的）大众志愿者的做法。由于志愿者不需要实质上的报酬，因此企业的用工成本几乎为零。典型案例如晋江文学网曾经邀请具有一定等级的注册用户参与连载作品更新章节的内容审核，并以一定的虚拟货币（可用于章节阅读消费）作为激励——在不考虑晋江这种众包审核员的实际审核效果的情况下，单从企业运营角度看，这种众包模式的确极大提升了晋江网的运转效率。

（二）盈利模式

概括起来，以阅文集团为代表的网络文学出版企业的盈利模式有以下几种：

1. 阅读付费模式。根据《2020—2021 中国数字出版产业年度报告》，中国数字出版产业整体收入一直在稳步增长，2020年就已经超过11781亿元；其中，关于网络文学的线上消费，至少45%的用户通过付费订阅，阅读正版作品。这种以连载章节结算的付费阅读模式改变了以往购买书籍消费的习惯。根据阅文集团公布的2021年全年业绩数据，其月活跃用户为2.5亿人。这种按字数进行收费的方式脱胎于传统出版业按字数计算稿酬的方法，也是读者能普遍接受的方式。读者可根据喜好和自己的阅读量灵活支付，没有心理负担。网文企业以保持一定数量的月活跃用户和月付费收入水平为主要诉求，也与互联网追求流量的大目标保持一致。

2. "免费+收费"模式。作者发表新作品，首先免费连载，当聚集了一定的人气，即作品的收藏量、点击量和评论量达到一定指标后，后面连载的章节才开始收费。这类似于网上观看电影的"试看"环节。读者对这个故事有了一个基本的印象，被情节代入吸引，最后愿意订阅收费章节去阅读。这具有互联网的免费经济特征，又形成了有效的利润。这种模式是对互联网用户的一种妥协，因为随着网文的快速发展，作品数量急剧膨胀，但质量参差不齐，读者对于一部崭新的网络文学作品的质量充满疑惑。在这种情况下，先让读者免费试读，读者觉得满意后，再对后续内容付费，这就体现了对读者的尊重，不仅不会降低网站的流量，反而会促进网文企业利润的提升。

3. 附属版权开发模式。网络文学作为阅读产品，其文本著作权为主版权，而其他改编或衍生版权为附属版权。该盈利模式基于网络文学泛娱乐性较强的特征，进行附属版权的跨行业开发，以打造不同的营收渠道，丰富利润来源。根据阅文集团2021年全年业绩数据，在线阅读收入为53.1亿元，是总收入的主体；由改编电影、电视剧、动画、网络游戏等带来的版权运营业务收入为3.662亿元；来自纸质图书及其他收入为3.083亿元。该企业已经建成了全版权开发的成熟模式——通过核心产品开发衍生产品及服务，从而形成不同产业的协同盈利。

4. 海外"走出去"模式。目前网络文学的"走出去"以实体图书的授权和翻译网站的广告、打赏等形式为主。很多优秀的网络小说都有繁体字版和外文版，它们是国内图书出版业海外授权的重要组成部分，真正在市场上实现了"走出去"。而网站翻译则多为当地网络文学爱好者的自发行为，将个人喜爱的充满东方色彩的幻想题材的网络小说翻译成当地语言。由于缺乏职业审核，这些译文质量参差不齐，仅能提供免费阅读，收益只能靠打赏或众筹获取。目前，我国网络文学的海外市场发展得非常迅速，扩大了中华文化的影响力，但在版权保护、文本质量，以及商业模式方面，还需要进一步完善。

六、网络文学全版权开发的主要类型

（一）实体图书

网络文学发展初期，版权运营产业链尚未完善，出版实体图书是网络文学商业变现的主要方式。《第一次亲密接触》和《悟空传》等早期的网络文学作品均是通过实体出版获得商业成功的。《鬼吹灯》和《盗墓笔记》也是经过实体出版环节，得到市场和广大受众的高度认可后，再进一步进行影视、游戏等改编的。

实体图书出版在版权运营产业链中具有至关重要的作用，往往是版权形态转化的起始步骤。这背后与传统图书出版行业对内容审核的严格有着较强的关系。网络文学作品越来越多，但是受众的精力和时间是有限的，在网络文学领域内备受好评的作品，一般活跃在某一圈层内，并非能完全发展成为大众文化产品形态。经过传统图书出版环节甄选过的网络文学作品，在内容的趣味和深度、形式和版权开发的完备性等方面都相对更具有发展潜力，进而突破圈层受众限制，读者群扩展到大众群体。

2021年网文纸书对文学市场的带动非常明显，文学类销量前100名中28种为网文纸书，且全部为女频网文。网文纸书也成为2021年文学市场中许多市场份额上升的出版单位背后的推动力。2021年文学零售市场实洋占有率前50名出版社中，上升最快的前4名出版社，均主要受网文纸书带动。比如，《斗罗大陆》自2008年在起点中文网首发以来，一直都有不错的评价。2009年5月，该书首次出版，之后更是动漫化、影视化，逐渐围绕着网文向外扩展，形成了一个多领域大IP。2020年9月，2019年度中国网络文学排行榜揭晓，《斗罗大陆》入选IP影响排行榜。"斗罗大陆"系列图书在市场中反响一直保持较高水准。

（二）音频听书

音频听书是指依托网页或移动终端技术，基于个人电脑、智能手机、平板电脑和智能可穿戴设备等电子媒介，为传播受众提供声音信息的录制、收听和分享等的产品。音频听书概念的外延可以很广阔，有声小说、评书、知识付费和线上音频课程等都可纳入其中；其载体从广播、磁带、光盘、平台互联网到移动互联网等不断演化。

当下提到的音频听书，主要指基于智能手机的移动音频类产品。2009—2011 年，听书 App 公司蜻蜓 FM 和凤凰 FM 相继成立，传统无限电台向移动网络电台升级；2012—2013 年，移动听书市场基本形成，懒人听书和喜马拉雅 FM 先后成立，这个阶段同时也是国内智能手机飞速发展的时期，各类应用程序层出不穷，公众获取信息的方式开始碎片化，兴趣开始细分化，社交开始圈层化；2014 年到目前，移动听书高速发展，成为图书附属版权开发的最稳定渠道，与此同时，各大移动听书公司开始自主开发音频版权，试图扩大资源渠道，摆脱对出版企业的版权资源过于依赖的现状。

移动智能终端的普及和互联网技术的进步，给移动有声听书的发展提供了更大的可能。随着移动终端逐渐取代电脑平台成为人们获取信息的首选工具，喜马拉雅 App 作为国内移动有声听书的领先企业，于 2013 年 3 月在手机客户端上线。2021 年，其用户规模突破 6 亿，行业占有率约为 67%，月活跃用户达到 2.68 亿，是国内规模最为庞大，同时也是发展最快的移动有声听书平台。

移动音频听书迅速崛起的原因主要有以下几点：

1. 移动数字技术的平台支持。早期的音频市场由于使用的都是无线电等物理信号，音质还原度不高，并且传统广播电台的运营模式与传统电视台类似，传播受众只能被动接受各类定制好的节目，忍受广告的折磨。随着互联网技术的发展，数字信号的广泛运用使得声音的传播方式发生深刻变化，音频的识别、计算、传输和还原技术等的进步，使得声音的还原度极大提升。传播受众终于可以十分方便自主地选择节目并与之互动。智能手机的发展和普及使得传统广播用户更多地迁移到各类听书 App 上。智能移动终端的兼容性和运行速度不断提高，听书程序的流畅度越来越好，移动支付越来越便捷……这一切都使得移动有声听书行业得以快速发展。

2. 音频听书适合当下快节奏的生活方式。人类交流的最初工具就是声音，并且将一直是重要的基础交流方式。自1906年人类进行第一次正式的无线电广播后，广播业快速发展并延续至今。尽管视频媒体兴起后，广播业受到冲击，但仍然保持着一定增长，因为伴随性是声音的突出特点，听觉耗费的注意力资源较少，但记忆的广度和深度却比较高。用户可以全天候收听，同时做其他事情时几乎不受影响，等于突破了空间的限制，为生活开拓了一个平行时空。人们可以充分利用空余时间和碎片时间，十分符合当下快节奏的生活。如今，互联网技术的发展和移动智能终端的普及，使得声音的魅力再次复兴，有声阅读 App 下载到可随身携带的手机上即可供用户使用，极大解放了人们的眼睛和双手，人们仅用耳朵就可随时获取信息，因此受到广泛的欢迎。

3. 音频听书的内容越来越优质丰富。听书企业采用的基本都是平台模式，内容创作者和传播受众形成互动，既关注创作者的积极性，又注重用户体验，以此来吸引双方，增强黏性。每个用户既可以是作者，也可以是听众，经过身份认证就可以注册成为平台的主播，录制并上传自己的音频作品。这种参与体验是传统出版无法给予的。听书平台还会依托自身优势积极与各方版权资源合作，使之转化为优质的听书产品。比如，与传统的广播电台合作，收录全国各地乃至海外的广播电台，聚合有声节目；与传统出版社合作，把纸质书和电子书资源转化为有声读物，为用户提供更为丰富优质的有声内容；与网络文学平台联合，共同开发网络文学作品的听书产品等。最重要的是，听书平台汇聚了海量具有专业内容创作能力的人才，如播音人才、评书演员，以及在商业财经、人文历史和影视音乐等方面具有专业知识的用户。这些专业用户本身具有过硬的专业知识，他们生产的音频内容相对来说也有品质保证，就会吸引大批听众和粉丝。

4. 以平台为依托的社交功能开发。当听书平台聚合了海量粉丝后，让这些资源活跃起来就成为增加黏性的关键。听书平台采用外部链接的方式，通过小程序等设计，与微博、微信、QQ等公众常用的社交软件实现了关联。用户可以随时把喜欢的听书内容分享到朋友圈或微博，也可以把自己的作品直接发送给朋友。这种方式在丰富了人际交往之外，对听书平台本身更是一种宣传，增强了用户的参与性。用户在听书平台内部可以进行关注、点赞和评论等操作；用户和主播之间，用户和用户之间可以交流互动；具有共同爱好的用户可以建立听友圈，建立一个以共同兴趣为社交枢纽的人际关系空间。

各类有声听书 App 不断进化，因适应受众群体的各种要求和期待，注重内容资源的丰富性和优质性，更好地满足人们对于声音的喜好，进而得到快速发展。数字技术的发展和当下生活方式的变化，使得有声听书产业成为近年来出版业中发展最快的新兴业态。

（三）影视改编

网络文学"触电"最早的是痞子蔡的作品《第一次亲密接触》。随着作品数量的爆发和质量的提升，越来越多的网络文学改编成影视剧。近些年大热的电视剧集《盗墓笔记》《花千骨》《琅琊榜》《何以笙箫默》《兰陵王妃》《云中歌》《大宋少年志》等，均改编自网络文学大版权。作家猫腻于2007年在阅文集团的起点中文网首发的畅销作品《庆余年》受到众多粉丝追捧，后经同样是腾讯旗下的影视公司改编成网剧，在腾讯视频、爱奇艺上线首播，引发观剧热潮。该剧讲述一个有着神秘身世的少年，自海边小城初出茅庐，历经家族、江湖和庙堂的种种考验和锤炼的故事。剧中既有尊重原著的个性鲜明的人物，又有跌宕起伏的情节，改编非常成功，在当年猫眼剧集影响力网络平台综合总排名中位列第一。

由知名网络文学作品改编的影视剧似乎更容易获得口碑和市场的双重认可，网改剧呈现蓬勃发展态势。很多影视公司也将精力集中在从网络文学中发掘优质版权资源。从网络文学作品到影视剧的转换途径一般有三种：第一种是授权，即由版权方直接将影视改编权授予影视制作公司，后续影视开发工作由影视制作公司实现；第二种是自制，版权方以独资或合资的形式建立影视制作公司自主运营，比如磨铁图书在2012年成立天津磨铁星亚影视传媒有限公司；第三种是投资，多为一些上市的出版公司，通过参与一些影视项目的投资来收获市场利润。

网络文学改编的影视剧集能够收获超高票房和超高点击量的原因大致如下：

1. 符合文化产业不变的"内容为王"的定律。影视行业热衷的言情、玄幻和武侠等题材在网络文学领域内佳作频出，丰富饱满的故事情节和不落窠臼的神奇设定总能带来更加新奇的阅读体验，为影视行业提供了高质量的题材和素材。

2. 知名网络文学作品经过多年连载，积累了大量忠实粉丝，具有良好的受众基础和话题讨论度。由此改编的影视作品在原著粉丝和影视受众方均有不同的话题可讨论，比如原著粉丝会对比改编后的情节发展、讨论角色人物选择与原著是否相符等。部分知晓原作但并未完整阅读的读者，则会根据影视剧的呈现效果考虑是否继续阅读原著作品，从而实现了原著与改编影视剧的良好互动。

3. 在由网络文学版权向影视剧版权转化的过程中，影视制作公司为赢得更大范围受众的关注和喜爱，往往选用当红明星参与演出。网络文学本身的受众粉丝加上当红明星的受众粉丝，在数量上确保了网络文学转化影视版权过程中的传播广泛性。为此，很多影视公司将业务范围沿着版权产业链进行扩展，不仅从事剧集的拍摄工作，还将剧本储备和挖掘工作纳入业务流程，深入挖掘版权资源。

（四）动漫改编

在泛娱乐化的潮流中，动漫作品易于生成和孵化版权的属性备受关注。国内动漫产业虽然起步较晚，但到目前为止，动漫产品的数量和质量都得到了显著提高。《中国网络版权产业发展报告》显示，2020年全国网络动画市场快速增长，规模超过200亿元；网络漫画市场规模超过33亿元。国内动漫发展势头迅猛，已经形成几大重要品牌，包括腾讯动漫、快看漫画和有妖气等。漫画领域成绩突出显著的有妖气漫画平台，不仅掌握了多种优质连载漫画，在漫画向动漫的改编、漫画向游戏的版权输出等方面同样成绩斐然。有妖气在80后和90后中具有强大市场号召力的《十万个冷笑话》，是其成功孵化打造的版权项目，从漫画到动漫、大电影、手游等版权项目均成功上线并实现有效转化。

对于版权产业链中的各个环节而言，优质文本内容永远是开展后续工作的核心。在优质版权稀缺的情势之下，来自经典文学作品和网络文学作品中的故事创意具有丰富版权库的重要作用。网络文学的受众群体与动漫的受众群体存在一定程度的重叠，很多动漫的创作来自网络文学版权的改编。漫画和动漫对于一些网络文学中充满想象力的形象塑造具有良好的表现能力，比如一些玄幻修仙类、科幻未来题材的作品。在成熟的版权培育机制下，不同版权形式之间存在衍生的可能性。一些优秀的网络文学作品在情节设置方面想象力非常丰富，其表现形式适合用冲击力更强的图像方式进行，在影视制作中，要实现书中设定的场景特效难度和资金投入过大，而动漫的制作成本和灵活的表现力反而拥有了比较优势。

国内较早由网络文学作品改编为动漫作品，且较为知名的有《择天记》和《全职高手》等。《全职高手》于2011年开始在起点中文网连载，讲述一群性格能力各异的少年因为共同的理想走到一起，为赢得比赛刻苦练习，不断超越自己的故事；改编成动画片后，在腾讯视频和B站首播24小时内点击破亿；动画大电影《全职高手之巅峰荣耀》首映两天票房就突破5000万元，并在中加国际电影节上获得最佳动画片奖。随着动漫、游戏、潮玩等消费群体的数量激增，以版权产品为核心的衍生品市场也逐渐做大。这些衍生品将动漫中的形象以具体可感的物质载体形式重新推出，从而受到网文和动漫粉丝的欢迎。

（五）网络游戏

网络文学到网络游戏的开发，为版权方带来的实际收益一直位列前茅。这源于网络文学版权运营商和游戏运营商双方供需的契合。手中握有版权资源的运营商希望通过多种形式赋能版权；游戏运营商希望挖掘到优质版权资源，借助版权的强大内容资源优势和受众基础为游戏运营创造新一波红利。

近些年，随着信息技术的发展完善，游戏市场迎来爆发式增长。游戏市场火爆背后的原因与现代人们生活节奏加快、休闲娱乐方式转变、文化消费要求不断提高息息相关。当下的年轻群体文娱消费的主要方式不再是读书、观影这些传统方式，网络游戏自带的高度沉浸式体验更加受到青睐。网络游戏的受众群体越来越多，在移动互联网加持下，手机端的游戏占据更大份额。网络文学受众多为年轻群体，类似于与动漫受众的重叠情况，知名网络文学版权在年轻群体中已经得到一定的认可。游戏运营商在综合考虑游戏运营成本后往往会选择以网络文学版权为内容进行改编，以降低获客成本。比如，知名网络文学作品《择天记》和《三生三世十里桃花》等均有相关网游和手游推出。

（六）文创周边产品

出版物的全版权运营意味着跨平台开发和转化。版权本身能够将不同文化产品形式进行链接和融合，具有高辨识度和流量转化能力。这种文化衍生产品其实并不是新鲜事物，美国迪士尼版权在得到广大受众认可后就开发了一系列玩偶、卡片等相关产品；日本的卡通形象哆啦A梦和Hello Kitty在成为深入人心的形象后均开发了多种相关衍生产品。衍生产品在利用文化符号本身的版权价值的同时，也通过广泛的传播进一步增加了产品的版权价值，是双向互动赋能的过程。网络文学大版权《盗墓笔记》等的衍生周边形式丰富多样，有T恤、帆布包、抱枕、玩偶、海报、手办等。这些周边产品的诞生，在另一方面印证了版权在文化产业链中的市场经济价值。

目前，文创周边市场中较为活跃的仍是根据网络文学作品产生的具有实体的物品。这些文创产品是文学作品中思想观念的有形载体。对忠实的粉丝而言，尽管文创产品的价格相对较高，但其承载着圈层文化和价值判断，在某种程度上来说，粉丝就是在为情感和认同付费。在消费选择日益多元的今天，文创产品依托背后的版权价值和受众的喜爱保有吸引力和号召力。

不过，很多文创产品面临着有文化、无创意的尴尬境地。很多文化拼贴元素的集合会让原本意蕴丰富的版权价值稀释。比如，将人物元素印制到服装上或马克杯上，物件的价格便马上因为符号价值水涨船高，与现实差距过于离谱但并无多大实际用途，伤害了粉丝的情感。类似的问题累加，让文创产品呈现出同质化严重、创新性不足的问题。如何与版权实现联动、互相促进发展仍是文创领域需要继续探讨的深刻话题。当形式单一、只关于情怀的文创产品一再冲向市场，消费群体会产生审美疲劳。消费观念理性升级后也可能让文创市场遇冷。未来以大版权为依靠的文创产品更需寻找能够带动版权增值的新方式。

（七）新业态剧本杀崛起

剧本杀是继密室逃脱、狼人杀后，近两年新兴起的聚会社交游戏。剧本杀受众群体的年龄大约为18~35岁，通常参与人数在5~10人，每个人根据自己所选角色的"剧本"演绎故事；对故事中的案件进行推凶并还原剧情；单次游戏时间通常在4小时以上。在游戏过程中，每个玩家都需要扮演选定的角色，并与其他玩家在故事中产生互动。

艾媒研究院发布的《2021年中国剧本杀行业发展现状及市场调研分析报告》显示，2020年剧本杀市场规模达到117.4亿元。剧本杀的核心是优质剧本，在优质剧本越来越成为稀缺资源的当下，将具有一定粉丝受众基础的版权作品改编为剧本杀成为行业新风向。目前已经有一些剧本杀剧本采用经典影视剧情节，比如阿加莎·克里斯蒂的《无人生还》因多线叙事，适合不同玩家同时在线推理而被改编成剧本杀剧本。

不过，在热度不减的同时，隐忧也是存在的。美团数据显示，截止到2021年年底，全国已有超过3万家剧本杀店。一方面是大批新店家的涌入，另一方面却是大规模闭店潮的发生。2021年因疫情原因，剧本杀店铺关店率达到约60%。疯狂的扩张势头与剧本杀入局的低门槛相关，而缺乏优质版权内容成为制约剧本杀发展的关键因素。

第四节　重点内容行业版权开发的比较和启示

新世纪以来，经济全球化趋势不断增强，区域之间文化的融合也逐步加深，人们对文化的消费需求越拉越大。文化产业、教育产业和娱乐业的数字化、虚拟化的大趋势不会改变，互联网与文化产业的密切互动更是在不断加深，文化内容版权价值开发联动所带来的产业升级增效的能力也随之增强。各类版权行业你中有我，我中有你，多元发展成为常态。产业模式的不同决定了运营方式的天差地别，因此有必要对重点版权产业进行比较，在比较中发现新的机遇。

一、传统出版物与网络文学版权运营情况比较

网络文学在诞生之日起，就直接面对读者，在市场中孕育成熟。为了吸引读者，实现商业价值，从作者到出版企业，都十分注重让精彩的故事位于中心位置，由此突显了内容的巨大威力，增进了版权运营的活力，成为当前引领社会文娱走向的重要来源。网络文学版权的巨大存量、显著增量、不断升级的品质和持续的价值创新，为周边产业提供了源源不断的驱动力，也确保了网络文学在产业链中的核心竞争力。它作为植根于最广阔民众文化需求的文学表达，通过丰富的题材类型和海量的作品数量，深度切入和呈现社会的各个侧面，满足读者的情感诉求；也为影视、动漫和游戏等形式的改编、开发提供了题材和精神内核，凸显了创作、改编与生产的全产业链开发模式。

在版权运营方面，传统出版机构虽然没有网络文学那么繁荣，但在内容生产和品质把控上的优势显而易见。传统出版机构的版权运营取得了一定程度的发展，涌现了一批优秀作品，收获了良好的口碑和市场经济价值。回到网络文学和传统文学的本质来思考其运营成果的差别，更容易得出理性答案。这两种形式截然不同的文学作品的吸引力指向差别巨大。网络文学版权的本质是注意力经济。在信息过载的当下，注意力成为稀缺资源。网络文学天然针对市场的内容属性，让网络文学版权在发展过程中不断适应受众的内容偏好，可能会出现无法在社会效益和经济效益之间取得平衡的问题。传统文学版权与网络文学版权在工作方式、媒介载体、传播方式和思想内涵等方面都具有明显的不同。传统文学作品大多承载着记录时代、反观自身的社会责任和使命，并且有些传统文学作品因内容的深刻性和精神上的批判性容易与普通大众读者之间拉开距离。严肃、沉重是对传统文学的一般印象。网络文学与传统文学本质上的区别，让这两种风格迥然不同的文学形式在版权开发和运营上走上了不同的发展轨道。

与网络文学版权产业规模日益壮大、产业链条不断完善的现实相对应的是，网络文学版权运营行业成熟的运作模式。传统文学版权运营的突破，可以合理借鉴网络文学版权的发展理念，借鉴运营模式和后续推广策略中适合移植到传统文学版权运营中的因素，在充分发挥自身内容优势的基础上，提升版权竞争力。

以网络文学版权运营领域头部企业阅文集团为例。阅文集团掌握了大量优质原创文学版权，并提出以版权授权为核心，开展跨领域、多平台的商业开发与运营，其运营模式实现了文学作品从网络连载到纸质图书、影视、游戏、周边等多种业态共同发力的版权运营模式；从内容产出到新业态孵化，覆盖产业链上、中、下游，将作品和作者共同打造为极具知名度的文化产品符号。如《三生三世十里桃花》可谓是版权运营领域的经典之作：从超高的网络点击量、实体图书的火爆销售到改编影视剧集的收视霸榜，其以成熟的版权运营机制操盘优质内容，让版权最大限度释放产业价值。

综上，传统出版物的版权运营可以得到以下启示：

第一，准确判断内容的受众群体，充分挖掘受众阅读需求。以阅文集团为代表的网络文学企业在运营版权过程中，遵循注意力经济法则，将内容的粉丝受众导入版权开发全流程，引入巨大的流量。这为后续的产品形式转化降低风险，也能让实际市场收益有一定的基数保障。

第二，题材更加大众化，创作方式更加自由。网络文学的题材和写作创意不受拘束，跌宕起伏的情节变化和突破天际的人物设定更容易吸引猎奇的读者关注。与此同时，网络文学连载过程中读者可以随时对更新章节提出自己的意见，平台和作者往往也会根据读者的反馈对人物性格特征和故事情节进行适当调整。这种提升读者在作品完成过程中参与感的方式，让作品在内容创作环节就开始经受市场的考验和磨炼，保障了后续市场空间的拓展。

第三，加大对内容资源和渠道资源的资金投入。网络文学的版权运营商通常以强大的资本拓宽内容资源和渠道资源。以阅文集团为代表的内容运营商掌握了众多优质独家内容，并通过投入大量资金支持和渠道资源，赢得在版权开发方面的先发优势。传统出版物虽然资金情况与其不同，但对资源投入的加大是未来竞争中不可避免的。

第四，扩大传播渠道，创新传播方法。类似阅文集团的内容运营商在掌握独家内容资源后，会寻找多种渠道，并依据不同渠道的特点，通过多屏联动、话题讨论、弹幕等方式不断提升版权产品的传播力和影响力。

当然，传统出版物的版权开发和运营在借鉴网络文学经验的同时，决不能忽视自身的比较优势。

首先，要牢牢把握内容深度优势，将自身作为时代记录者的精神产品特征发挥出来，以创作出符合时代需求和文化需求的、具有较强文学价值和现实意义的作品为己任；在守住内容根基的基础上，寻求渠道资源的拓展和内容分发的模式创新机会。

其次，要充分发挥自身的经典艺术表现力。传统出版物历史悠久，其表现方式、装帧设计等已经成为专门的学问。传统出版物的内容在反映人民群众所思所想、贴近社会变迁历史的同时，实际是将人民群众的精神诉求以更加艺术化的形式、更加精练文艺的语言讲述出来；在表现形式上，可以用更加深入广大人民群众的语言和艺术手法呈现。这是网络出版物力所不及的。

最后，要充分发挥人力资源优势。传统出版物在长期的产业发展过程中，培养了大量优秀的出版人才。这些人才是最核心的资源。要引导编辑等相关工作人员主动尝试短视频直播时代的宣传形式，增加与读者之间的交流互动；随时交换受众群体的阅读倾向变化信息，辅助编辑与时俱进地调整选题策划重点方向，帮助作者找到具有社会效益和经济效益双重价值的内容素材。内容源头的版权打造可以以网络文学版权打造的品牌化理念为指导，增加内容的多渠道分发，主动尝试新业态营销模式。

二、电子书版权的运营

在出版业数字化进程的早期，人们在探讨书籍未来的形式时，头脑里浮现的就是电子书的概念。这个概念随着数字化进程不断进化。目前，我们所指的电子书，是指以数字终端为载体，接收、下载、存储和呈现数字化的文字或图像出版物的阅读媒介；它的电子设备特征与纸质图书的单一性完全不同。网络媒介是其出版和发行的工具。电子书借助特定的设备，以多种介质的方式记录其中，具有储量大、体积小、功能全、易使用、绿色环保、节约资源等特点。网上支付是其主要的交易方式。

（一）电子书市场现状

随着互联网技术的成熟和支付方式的便捷，公众对于电子产品的依赖程度越来越高，离开智能手机甚至会给日常生活带来诸多不便。这就导致了公众的阅读也大大依赖于电子设备，每年用于传统出版物的阅读时间呈现下降的趋势，而用于新媒体阅读的时间则大幅增加，电子书得到了广大读者的普遍认同。对于电子书的编辑出版而言，数字技术和文本编辑只要充分结合起来，就能够在较短的时间内完成编辑出版的全流程，这是传统纸质出版无法企及的，尤其在学术出版领域，电子书为读者在第一时间获取最先进的科技成果提供了重要平台。

正因为市场的广阔，不少出版商、运营商和作者纷纷进入电子书出版领域，比如数字出版领域的超星和方正，学术数据领域的知网、万方和龙源；众多传统网站和手机 App 也开发了读书频道，比如搜狐、新浪的读书频道和微信读书等，很多已经成为读者阅读的首选。这些趋于多样化的竞争，为电子图书市场的健康发展奠定了良好的基础。

出版商根据读者多样化的阅读需求，开发了不同的出版模式，并且还着力打造平台化的出版。因为随着网络自媒体的发展，个人只要有意愿和能力都可以发布信息，积累到一定程度后，就可编辑成电子图书。从出版者的角度来看，电子书的出版模式综合起来有三种类型：

一是出版商面向电子书采购企业（主要是图书馆）的模式，也就是 B2B（Business To Business）模式。国内著名的电子书企业知网，每年向全国各地大学的图书馆打包销售各类数字化的期刊、图书和数据库等，就属于此类模式。图书馆从公司购入电子图书，读者就可依据自身的需要来对图书资料进行阅读。

二是出版商面向个人读者直接销售电子书的模式，也就是B2C（Business To Consumer）模式。读者能够直接购买并对电子图书进行阅读。这类模式相比B2B，是更多电子书出版商选择的模式，因为这与传统出版将实体图书投放大众市场的销售行为类似，并且不像B2B那样，前期需要大规模的渠道建设。从读者的角度来说，只要对网站进行访问就可以对电子图书进行选择，支付费用后就可通过电子阅读器进行阅读，这样可以使得阅读更为方便，阅读需求能够得到切实满足。

三是将B2B和B2C两种模式结合的混合模式。此种出版模式能够同时为图书馆和读者提供服务，目前国内大型的电子书出版企业，如超星、方正、知网、万方和龙源等，都属于此类模式，登录他们的网站，组织机构和个人均可注册，付费阅读，进而将企业的利润最大化。随着电子阅读的硬件和软件的不断发展，将来的电子书出版模式还会有新的迭代。

（二）电子书产业在发展过程中存在的问题

尽管目前的电子书产业发展迅速，数字阅读率快速上升，阅读终端品种也越来越多，但仍然存在诸多问题：

1. 电子书的文本质量有待提高，图书品种数量相对有限。

优质的文本内容是一切内容行业发展的关键。电子书出版的投入成本是较低的，相对纸质书净利率较高；然而在内容方面，电子书与当前纸质图书的丰富性和高质量相比，还是有差距的，这就造成整个电子书行业呈现一种资源匮乏的状态。这是当前行业发展的最大问题和短板。新媒体时代到来后，传播渠道明显拓宽，但是优质的内容依然稀缺。电子书出版商想要让自身产品对读者产生较大的吸引力，就必须对内容资源深入挖掘，呈现出比纸质书更强的创新性，才有可能持续获得读者的青睐。

　　国内较为知名的电子书平台，如掌阅、天翼阅读和微信读书等只有数万种电子书的数量，其中又以原创网络文学居多。由此可见，在各大电子书平台经典纸质图书所占比例是偏低的，高质量文本比较有限。有些电子书平台号称有海量资源，但实际内容同质化严重且图书形式单一，无法吸引高端读者。有的平台提供的图书版本较早，无法满足当下读者的需求。同时，由于内容资源的不足，大多数电子书平台的选品，都是根据厂商自己的主观判断而非读者实际选择，这就大大降低了产品的市场性，制约了行业的高质量发展。

　　随着智能手机和移动网络越来越便捷，读者对电子书的认同度大幅提高，进入电子书出版业的人员也大幅增加。电子书在整个图书市场中的占比已经达到一个合理的比例，但其能够带来的收益并不是很高。仍然有不少读者在想阅读电子书时，头脑中第一反应还是想去找免费资源，甚至盗版资源。在这种市场氛围中，拥有大量优质版权资源的传统出版商对于向新兴电子书企业授权大都持谨慎态度，结果加剧了优质电子书版权资源的稀缺。如果高质量的电子书品种匮乏的状态一直持续，那么对电子书行业发展的负面影响是较大的。所以，从政策到氛围，都要积极鼓励有实力的数字技术企业加入电子书出版的行列中；鼓励传统实体出版机构开发电子书业务，实现纸电同步出版；已经出版的实体书籍也可以积极沟通作者授权，开发成电子图书。

　　2. 各电子书平台相互独立，不同品牌阅读器兼容性不高。

　　目前，国内的电子书平台，亚马逊 Kindle 占据最重要的位置，但随着其逐步撤离国内市场，电子书平台对市场份额的竞争再次激烈起来。不同类型的平台竞争具有相对封闭性，比如在线销售平台之间主要是当当和京东之间的竞争，知识付费平台之间主要是知乎和得到之间的竞争，门户频道领域主要是新浪读书、豆瓣和百度书城之间的竞争。各家电子书平台纷纷创建自有电子书格式，如当当格式、汉王格式、多看格式、掌阅格式……这些电子书格式大多情况下只能在特定的阅读器或阅读软件上进行阅读，难以兼容。电子书企业这样做的目的是引导读者去购买自家产品，但是读者在购买了某个阅读硬件或软件之后，就只能够对特定公司出版的电子书进行阅读，想阅读其他公司的电子书，就必须购买新的阅读器。尽管很多厂商宣称自家的阅读器支持大部分电子书格式，但格式转换不仅操作麻烦，而且容易造成文本丢失，这些问题都极大地影响了读者的消费体验。

因此，要想实现电子书行业稳定发展，就必须对电子书格式进行统一，以确保不同格式能够无缝衔接。只有将格式兼容问题彻底解决，才可以推动电子书未来的发展。而这只依靠市场的自由调节是难以实现的，需要顶层规划，强制规范的阅读格式；这样不仅有利于电子书市场的进一步发展壮大，同时也有利于引导更多的阅读人群适应电子书的存在。

3. 用户体验欠佳，阅读器操作效果不理想。

对于热爱书籍的读者而言，阅读时的各种体验非常重要，是其消费书籍的重要原因。实体书籍带给读者的现实体验要优于电子书，这就要求电子书产品除了自身质量以及数量要能够满足消费者外，在阅读器手感、操作界面、呈现的方式以及交互便捷性上要做到极度优化；否则，令人眼花缭乱的界面和繁琐的操作，会使得读者的耐心消磨殆尽。

4. 著作权保护力度有待加强，盗版问题经常出现。

在实体出版占主要位置的时代，版权保护的力度逐年加强，并且由于纸质书的印刷特点，想要被复制并非易事，经常会出现盗版书质量低劣的问题，读者往往较为容易分辨出正版和盗版；

而且由于印制成本高，纸质盗版书成本较高，盗版者侵权的意愿就较低。但在数字出版模式下，只要盗版者破解了相应程序，盗版就会变得极其容易，瞬间便可完成文本的复制，迅速在平台上线实现阅读共享。另外，随着网络技术的不断发展，盗版者往往会将身份隐藏极深，追查盗版的难度越来越大，极大地破坏了电子书的商业环境。这也是许多实体书出版商不肯将自己的产品数字化的重要原因。随着电子书发展速度的持续加快，从业者对版权问题的重视程度明显增加，加大了监管力度，对未经授权上传的电子书第一时间下架和惩处。此外，从业者还加大开发相关的数字阅读和版权保护技术的力度，确保能满足读者在指定平台阅读的同时，尽量提高复制电子书的成本和难度，严控盗版行为的出现。

（三）电子书产业发展的建议

电子书产品从无到有，发展至今，市场份额上似乎已经出现停滞和饱和。究其原因，关键在阅读体验。所以，无论是在产品建设方面，还是在服务提供方面，电子书平台都应该聚焦在为读者提供更好的阅读体验上。技术层面当然需要进步，但成熟的消费者都明白，"心"做的产品，要好于"新"做的产品。

1. 从内容质量和品种数量两方面，加强资源建设。

作为出版大国，我国的文化资源很丰富，关键在于有效的管理和整合。电子书企业要加强与作者和传统出版机构的密切合作，积极提供优质服务，以获取更多的数字版权，加强版权资源的建设及丰富度，吸引更多读者阅读电子书，进而促进全行业持续健康发展。

首先，产业链各环节的收益要合理化。目前，由于电子书产业链的各环节收益差异过大，导致一些资源丰厚的传统出版社对电子书持观望态度。由于平台自身的技术特性，版权所有方对电子书的版税收益普遍是不满意的，认为分配比例不合理。作者和出版商处于相对被动状态。鉴于此，原新闻出版总署与中国移动等三大电信运营商达成《推进数字出版产业发展战略合作备忘录》，通过政策规范电子书产业链利益的分配。在收益均衡分配上，各方需要在坚持公平公正原则的基础上共同努力，实现共赢。

其次，传统出版机构内容策划与电子书企业的平台销售两方面优势要强强联合。传统出版机构擅长的是内容策划、组织与编辑；电子书平台在出版技术创新、销售运营、售后服务、读者反馈等方面相对做得较好。双方各自优势的协同开发，是实现电子书行业跨越式发展的高效方式。

2. 加强平台间合作，建立开放兼容的阅读系统。

利用统一的格式和标准的方法，改变各个平台之间互不往来的现状，除了有利于减少平台企业之间的内耗，更主要的是还给读者一个广阔的阅读空间。在开放的电子书生态系统下，各平台的竞争将会进一步加剧，在合作中竞争，在竞争中实现差异化。当前各电子书平台的分类很详细，但各分类下面的资源分配很不均匀，最终所有的分类都只是浅尝辄止。究其主要原因，就是企业隔绝造成的后果。相比传统出版业的积累，一家电子书企业很难只凭借自身的力量实现目标。应该在擅长领域做精做全，要处理好已有的内容，对内容资源进行分类与整合，然后各家强强联合。通过提供独一无二的内容资源，电子书行业方能形成自身的核心竞争力，建立起内容品牌，实现多平台的可持续发展，获得良好的口碑。

3. 注重产品细节，关注阅读体验。

阅读体验对读者而言是十分重要的，这无论对电子书还是纸质书都是一样的。这种体验不仅来自丰富且优质的内容，还包括找书的便捷、支付的简单、版面的合理等细节。电子书企业除了为读者提供多品种及优质的电子书产品外，也应该充分注意阅读过程中读者的阅读行为、使用习惯和期望值，进而为读者提供良好的阅读体验，重点可做好以下三点：

（1）阅读舒适度的优化。电子书的屏幕大小是固定的，想要实现纸质书多样化的版式不太可能，但还是要吸取优秀的版式设计规则，因为这些沉淀下来的经验是经过时间和读者验证的。同时，充分发挥电子互联设备的优势，字号的大小可让读者随意调整，还可以通过互联网链接给读者带来搜索和查询等超越纸质书的功能。电子书企业既要让消费者感到阅读电子书的自然性，又要感到现代性，不会因为阅读载体的不同而感到陌生。

（2）操作便捷性的升级。充分参考智能手机、平板电脑等先进的手持终端，精简操作步骤。例如，图书分类和排行推荐等路径清晰，让读者可以轻松查阅书目，在最短的时间内找到感兴趣的图书，加之简捷的支付方式，可以使读者迅速进入阅读状态。

（3）互动实用性的增强。基于数字互联网技术，电子书相比纸质书明显的优势之一就是互动性，可以很好地引导读者参与文本建设。读者之间能非常方便地分享阅读感受，进而形成口碑营销效应；还可以与作者互动，为作品打分，查看作品信息等。读者参与互动有助于平台的内容建设，甚至还可能影响某些电子书的销量。所以电子书出版企业要有意识地建立好读书论坛，以相关话题和兴趣进行分类，引导读者讨论，从而更好地激发读者的兴趣，形成良好的品牌效应。

4. 加强版权保护，严厉打击盗版。

对版权开发行业而言，版权的保护就是生命线。除了社会层面政策法规的完善和执法力度的加强，作为电子书企业自身一方面要从出版源头加强版权保护，升级防盗版技术和加密技术；另一方面要对传播渠道进行把控，严厉打击非法复制，对书籍下载次数和范围进行技术限制。总之企业自身要建立授权、发行和管理等一套完整的机制。相关行业协会应充分发挥引导作用，征集各运营主体的意见，制定有利于各方发展的行业标准；规范电子书市场的环境，形成良性竞争；集各方力量共同维权，提供司法援助，减少数字版权纠纷，促进产业健康有序发展。

三、音频听书版权的运营——以喜马拉雅为例

喜马拉雅是目前国内听书产品最多最全的移动音频听书平台，占据听书市场的大部分份额。其致力于打造"海量音频+知识付费"的平台生态，吸引大量优质作者资源和内容资源聚集，几乎成为大众听书的第一选择。喜马拉雅 App 于 2013 年 3 月上线，仅用 1 年时间便达到积累 1000 万条声音和突破激活用户 5000 万大关两个目标，仅用两年多时间手机用户就突破 2 亿人次；而国外类似公司 SoundCloud（德国）却用了 5～6 年的时间。在音频听书领域，喜马拉雅具有典型性，因此对其运营模式的剖析，能让我们更加真实地看到音频听书版权开发的现实与未来。

（一）喜马拉雅的运营模式

任何成功的大众类 App，基本采用的都是平台式运营模式，因为这能最大限度实现流量汇集。喜马拉雅利用自身平台优势，采用"用户原创内容+专业创造内容"的内容创造模式，同时辅之以兴趣社交功能。专业主播利用喜马拉雅的平台发布优质内容进行整合和推广，平台把上游的内容生产者和下游的内容分发者有机融合，形成一个完整的音频听书生态系统。喜马拉雅还支持微博、QQ 和微信等账号登录，根据登录用户智能手机通讯录搜寻好友，通过点赞、分享等与主播进行互动，充分发挥出互联网的社交属性，让听众在听取节目过程中和主播进行交流沟通。与各类社交软件的连接，让用户可以在不同平台进行宣传；再加上点播

模式，吸引了众多传统电台的加入。

随着大量自媒体用户开设属于自己的专有频道，喜马拉雅自主的音频听书生态系统已经形成。这个系统利用了互联网的一切便利且相对独立。在系统中，内容生产者、听众和平台等各个主体都可以找到属于自己的准确位置。但是，由于喜马拉雅的平台运营模式的性质，对海量用户自行上传的音频作品审核机制并不健全，这就可能导致作品数量增长高于质量增长的情况，而留住用户的关键因素依旧是优质的内容。因此，喜马拉雅为草根主播以及自媒体人创建并设立了一整套集发掘、培养、孵化及商业化于一体的支撑体系：只要主播有足够的才华能创作优质内容，都可以凭借这个体系成长；让主播不仅能够实现自我价值，也能够推动整个音频听书生态的繁荣发展。在合作内容方面，喜马拉雅已经与大部分传统出版单位建立合作，基于经典图书开发音频听书；与腾讯阅文集团达成排他性合作，开发优秀网络文学作品等。

（二）喜马拉雅的营收模式

喜马拉雅的运营模式已经基本成熟，且具有代表性。它正凭借着日渐强大的资源获取能力影响着整个音频听书市场。

1. 广告营收模式。作为网络企业的传统收益，只要保持较高流量，广告客源就会源源不断。喜马拉雅作为音频平台，广泛连接着内容的生产者、发布者和使用者，在已经形成的完整的音频生态圈内部实现了流量的循环积累，不仅重新塑造了音频市场，也给广告的投放提供了不同视角。与其他网络广告类似，喜马拉雅的广告也分为展示类、软植类和贴片广告等形式，建立了"广告主—主播—用户"的产业链生态模式。在对广告的处理上，与传统电台的硬广插入不同，喜马拉雅采用的是为广告主提供广告方案，尽可能地将广告与栏目的定位、内容以及风格相结合；喜马拉雅在节目软植入方面下功夫较多，把广告改编成段子融入节目，降低了听众对广告的反感程度。

2. 音频内容付费模式。作为内容产业，让内容盈利才是王道。喜马拉雅一直在坚持内容创造效益的运营道路，防止"沦陷"成普通网站那样完全依靠流量和眼球的经济生态。喜马拉雅在长期的摸索中，借用娱乐业的方法，利用主播的明星效应来实现与粉丝的互动，让听众黏性高的主播成为喜马拉雅的代言人和宣传者。平台尽可能给主播全方位的激励，主播则根据自己每次发布的音频的反馈情况，坚守或调整自己的选题策略，从而更完美地满足听众的习惯和爱好，提供高品质高水准的内容，然后会形成特定的粉丝群体，接下来粉丝群一步步壮大。当粉丝的忠诚度达到一定程度时，自然会愿意为主播提供的内容付费。

3. 音频内容版权衍生模式。喜马拉雅在掌握大量优秀音频内容版权资源的基础上，具备了开发衍生产品的基础，与出版业合作，将声音内容转化为文字内容，推出相应的图书产品；与教育界合作，开发相应的课程。在硬件方面，作为国内最大的音频内容供应商，喜马拉雅开发出车载系统，可以利用人们驾驶或乘坐的空闲时间随时收听各类音频节目；与多家智能硬件和可穿戴设备厂商合作，现在已有智能音箱等产品投放市场，在智能手表领域也将自家App植入其中。在版权全面开发的思路下，喜马拉雅采取的发展模式和措施以及带来的影响，为其他听书企业和传统书业的发展提供了很好的范例。

喜马拉雅的营收模式经过实践的检验是可以复制的，并且随着数字技术的不断发展，新的模式也将不断产生。但无论怎样变化，立足于声音版权立体开发的道路，正促使喜马拉雅努力对版权链的运营形成一条"有声书—纸质/电子书—影视剧/游戏"的多维互动产业链。这些努力成果都使得音频听书产业获得了更为广阔的发展空间。

第四章　新业态建立面临的问题和优化策略

第一节　全版权开发面临的现实问题

对于出版企业，尤其传统纸质图书出版社，全版权开发是突破自身发展瓶颈的最佳方案。不过，要将这种理论规划变为运营盈利，现实中还会遇到各种可以预见的困境。

一、优质资源相对紧张，版权开发的规模效应较难出现

（一）对传统文学和经典作品的全版权产业链的开发能力有待提高

传统文学版权的打造以及后续产业链延伸和产品衍生，对于内容改编、形式创新能力具有极高的要求。具备高水平的作品改编能力和独家创意，是打造优质文学版权的必需条件，但是目前对传统文学版权的开发能力存在较严重的短板。从目前情况看，开发者一般会选取具有较高知名度、传播范围较广泛的经典名著和现当代大众耳熟能详的经典作品进行开发。选择这些内容的原因主要是确保受众基数，保证版权开发的基本收益，从而降低投入风险。但这种选择过于集中，造成题材范围过于狭窄，从而导致相似题材和内容重复开发。

例如，《西游记》作为中国四大名著之一，改编作品的价值和市场影响力却参差不齐。《西游记》本身故事情节曲折离奇、内涵意蕴丰富，值得挖掘。《西游记之大闹天宫》《西游记之大圣归来》《大唐玄奘》《西游记之三打白骨精》《西游记之女儿国》等多部作品陆续走上大银幕，对《西游记》版权的反复开发既有成功之作，也有败坏经典内涵的低劣作品。《西游记之三打白骨精》《西游记之女儿国》等作品在上映前因制作班底、宣传发行等方面的原因，曾引起公众的关注和期待，但是作品的实际品质并未实现如其宣传的精良，票房成绩和口碑都在上映后一路呈现下滑趋势。这些改编作品以名著本身的广泛影响力吸引消费者的注意力，但对作品内容却停留在使用表面意象，挖掘不深；将原作版权中的人物和情节进行过度娱乐化的改写，颠覆了经典名著在公众心中的地位，不符合当下受众对于版权作品深层价值理念表现的期待。与之形成鲜明对比的动画大电影《西游记之大圣归来》，作为对西游版权的又一次勇敢尝试，紧紧扣住作品内涵中对光明和正义的追求，将反叛的精神价值内核淋漓尽致地表现出来，成为对西游版权的一次成功改编尝试。对类似经典优质版权资源进行成功开发后，能够带动以该衍生产品为核心的其他形态产品的市场价值，包括游戏、动画、周边产品等。

尊重原著、充分发挥传统文学经典的文学和艺术魅力的好作品不会缺乏市场。对本来质量上乘的内容版权进行不恰当的反复开发，会让原本优秀的传统文学版权资源面临艰难的处境。对名著进行改编却口碑滑落的还有新版电视剧《红楼梦》。新版电视剧《红楼梦》将前期选角打造成一档全民海选综艺节目，后邀请知名导演拍摄，以全民造星之势投入巨大的财力物力。从形式上看，这是一次对于红楼版权的探索尝试，但后期无论剧情改编、场景特效，还是服饰装扮，都一再引起争议，不忠实于原著，凭借想象力进行肆意改编，从而导致作品口碑不佳。

除了四大名著等经典作品外，一些现当代的经典文学作品在被挖掘出版权价值后，市场逐利本性集中在这些版权中进行反复尝试，而忽略了其中更有魅力的艺术价值。太多同类型的低质量内容充斥市场，让受众产生题材上的审美疲劳，这是非常可惜的。

（二）传统出版社对全版权的产业链开发经验相对不足

由于历史传统和运营惯性，传统出版物的出版企业普遍缺乏对全版权运营的经验。传统出版社的业务经营范围以图书为核心，包括一些与出版物发行相关的经营事项，一般不涉及版权开发后续环节。一些民营图书出版公司的经营业务范围稍微宽泛，但是在实际运营中，往往也会因受到多方原因限制，而将主业集中在与图书相关的出版和发行业务中。这样的结果就导致了很多传统出版物企业在事实上缺乏版权开发经验，一般通过另外成立相关业务的工作室运营版权，出现与原机构的业务运营之间脱节的情况；主体机构因此也难以全流程参与版权相关业务和版权衍生品的开发。

（三）网络文学平台对传统出版物企业的冲击

传统出版社对作品的内容质量和艺术品质的要求较高，从选题到审稿到出书要经过多重筛选。一部书稿在出版社中要经过三审三校，甚至额外增加专家审读和外审等环节后，才能正式出版。因此，传统文学作品的出版门槛较高。而网络文学运营平台对写手发布在平台上的内容审核程序较少，作品面向大众发布的流程较少，因此门槛较低。随着网络文学的热度持续升高，专职的网文写手诞生。当通过传统文学出版途径难以实现让作品进入市场和传播渠道时，很多文学作者便转向网文写手方向，先将作品发布到网络上，如果有合适的机会再寻求实体出版。很多网文领域头部作家最早均通过这种方式获得知名度。网络文学平台的快速审核机制和相对较低的门槛将大量作家资源收入麾下，对传统文学出版来说则构成作者资源流失的威胁。

除了发表门槛低，网络文学平台给作者提供的收益也更加多元化。传统出版物企业按照固定稿酬或版税支付作者稿费，固定稿酬多按千字计算，版税率则多在8%左右，较少超过10%；并且销售过程不透明，除非出版社通告，否则作者几乎无法得知自己作品的真实销量。网络文学平台与网文作者按照实际收入分成，包括由点击量获得的收益和用户额外打赏等。除此之外，网文内容如果能够通过平台分发到其他渠道进行连载，作者也能获得相应的收益。这些经营行为在后台对作者都是开放的，作者可以轻松获得自己作品的销售情况。当积累了稳定粉丝的作品能够启动版权开发流程后，对于版权的运营和收益作者同样能够通过分成获得额外收益。网络文学作品的质量优劣在口碑传播过程中由数量庞大的用户群体进行鉴别，优质作品往往能在短时间内突出重围，以销售数量优势获得可观的收益。

类似阅文集团这样的内容运营平台集聚了一大批网络文学作品，其中不乏具有成为超级现象级大版权的小说，它们在内容资源的掌控上牢牢占据优势地位。2019年火爆全网的版权改编剧《庆余年》，即改编自阅文集团起点中文网作家猫腻的同名网络小说。紧随剧集的热播，同名系列图书在2019年和2020年由人民文学出版社出版。对于跟随热点进行图书出版的情况目前并不少见，但这对于出版社本身来说并不是参与版权运营的最好机会，因为当一部网络文学以版权改编形式获得经济价值后，相对于影视行业资金投入和收益额度都较小的出版行业只能在纸质图书这一个环节中获利，形成了图书出版紧随影视版权的逆向产业发展轨迹。在一定程度上，这对于传统文学版权运营也是一种限制，而非发展的最优路径。

二、传播渠道建设能力相对不足

传统文学版权所在的出版社的主营业务集中在实体图书出版，传播仍以传统发行渠道为主。虽然传统的发行传播渠道已经形成一定的流程规范，与建立长期合作的客户沟通效率较高，但是在互联网时代，各种新兴媒体参与信息和内容的分发流程后，传统的传播渠道所能对接的受众数量开始减少，多重传播环节开始显露自身的弊端。这是传统文学版权在发行推广过程中不得不面对的现实问题。

目前，版权衍生产品除实体图书外的形态，基本都已经脱离了纸质媒介载体，电影、电视剧、网剧、游戏、动漫和网络直播等各种新形式新业态不断涌现。这些电子化内容的呈现通过电子移动设备进行，产品形态的巨大变革对应着传播发行渠道的变革。版权产品形式的多样，对于传播发行渠道建设的要求相比传统纸质图书的发行要求更高。部分传统出版社由于推广和宣发难以随时跟进，在一定程度上降低了优质内容到达对应受众群体的概率。

目前，传统文学版权的主要开发类型是影视剧，而影视产业的媒体推广和宣发与实体图书出版的渠道有很大不同。不同形式的产品依托不同的发行渠道，保持内容分发到位和充分的曝光率。对于一个版权来说，本身的内容品质和进入传播渠道后的支撑都是必要条件。传统文学版权的培育、孵化与网络文学版权的诞生机制存在差异，缺乏天然的粉丝受众基础，其更需要依靠渠道的分发触及更多潜在受众。

渠道的建设程度与版权的增值和变现能力有关，比如以《装台》《人世间》为代表的传统文学改编为影视剧集以后，不仅口碑颇佳，还依托频道和网络的播出拓宽受众面，让年轻人也成为经典文学版权的忠实受众。这些作品往往包含对时代的深入反思和对社会的满腔热忱，单凭内容很难在第一时间俘获年轻受众；而在传播环节借助强大的渠道支撑，让文学作品本身真正成为具有版权开发价值的文化产品。

三、对投入成本的顾虑，导致版权开发的后劲不足

自2015年"版权元年"之后，版权热始终未褪去。作为文化产业中众人追求的内容源头，大量资本进场，版权改编的价格随之迅速增长。2015年，一部高人气的网络小说改编为电视剧的费用已经达千万级别，甚至有一些重磅版权的投入能达到亿元级别。对于传统文学版权的培育来说，这样的资金额度使得传统出版社难以与市场中头部版权运营商相抗衡。资金的相对不足还会带来一系列问题：

（一）产业融合进度较慢

产业融合已经成为文化产业领域的共识，不论是网络文学版权运营还是传统文学版权运营，都在朝着全产业链方向布局。不断更新迭代的媒介技术、传播技术与精品内容统合在全版权发展的共识之下，对于传统文学版权运营的变革来说，现在还未能像网络文学版权运营那样，在开发初期就对全流程产业项目作出详细的规划；流程上的不完善，制约了后续资源的整合和调配。

在完整的前期产业链运营方案中，网络文学版权运营会通过明确目标受众群体的特征，细分找到精准的营销方向，从而为内容创作和宣传推广提供方向指引，以清晰的运营理念指导版权运营相关工作；可以为版权价值增值、维护粉丝受众、建立和维护版权品牌提供理论支撑。除此之外，在相关的产业规划中，网络文学版权运营还会对产品的表现形态作出预设，并在版权开发初期建设多元化的传播发行渠道。

尽管当下我国版权产业已经初具规模，但传统文学作品从内容的创作到出版，仍然按照以往的流程方式展开。书稿的创作周期较长，出版发行方式局限在实体图书一种，在内容诞生之时并未充分考虑未来可能会进入版权开发流程，往往在作品问世以后，经过长时间在市场中的磨炼，直到市场自觉将优质作品选择出来，依靠作品自身过硬的实力收获一批忠实的粉丝受众，并以此为保障将作品列入版权开发队列。传统文学版权运营并未充分实现产业链化运作。客观来说，这种方式在一定程度上降低了版权的开发风险，但是仅仅依靠内容本身进入市场的图书版权与带有重磅资金进入市场的网络文学版权竞争，的确难度较大。

另外，在传统文学版权开发中，传统出版社因为没有独立的开发能力，只能与相关影视、游戏等公司合作，这就有可能失去主动权。一些内容深刻但是改编难度过大的作品因前期规划不足，可能中途被放弃；内容精良但是由于艺术形式过于独特的版权，可能难以进行其他形态的产品转化。

（二）对新技术应用的更新迭代相对滞后

相比较图书产品，音频听书、影视、动漫和游戏等版权产品形态的制作，依托于各类新型媒介载体，对新技术运用的要求较高。优质的内容要以高新技术为依托，让内容呈现形式与技术水平相适应，以技术优化内容的传播流程。新技术赋能文化产业的目的还在于能够优化内容生产结构，通过技术和形式创新辅助内容的生成和创新。以影像等调动更多感官参与的版权产品更加具有市场影响力，是因为多媒体形式相对于版权上游的文字阅读来说，能够带来更加贴近场景再现的沉浸感。

传统文学以文字、纸张为载体，进入阅读状态的前提要求较高，影像化的场景式浏览和阅读更加适应快节奏、轻阅读的现实发展趋势。文字阅读和影视观赏所带来的场景沉浸感和虚拟沉浸感是截然不同的。新技术对设备的先进性、技能水平的要求与互联网和人工智能时代发展的要求同步，技术的先进性与资金的投入基本成正相关。对于版权产品中下游的产品形态来说，其转化的可能性直接与技术水平相关。高新技术是出版业推进产业融合的重要力量，更是推动文化产业转型升级的重要推动力。不过，由于搭建新技术平台需要的资金过于庞大，加之数字技术行业的快速发展，机遇与风险共存，这就导致了传统出版企业的风险意识过强，对新业态充满了重重顾虑。

四、"版权+数字技术"复合型人才非常稀缺

数字文化产业发展越来越细分，每一个细分领域都需要专业的人才资源促进产业发展，尤其迫切需求既有丰富的版权开发经验，又具有数字技术能力的复合型人才。但由于产业发展有着自己的惯性，出版新业态毕竟属于"新生事物"，因此产业周边配套资源相对滞后也是惯常现象。传统文学版权开发依托于传统出版业中的内容资源，其运营流程和从业者行为符合传统出版业的需求。这与传统出版单位本身相对稳定的体制相关。从目前从事版权运营开发的实际人员力量来看，一般是从传统出版单位的编辑部门、发行部门等相关部门协调调配。这些人员在传统图书出版领域具有深厚的经验和过硬的工作能力，但是对版权运营和文化产业新业态的全新发展趋势的跟进，还存在欠缺之处。

无论是编辑人员，还是发行人员，在版权运营理念的指导下，理论更新和技能强化等方面，相较于完全市场化的版权开发企业，如阅文集团等，都需要加强。由于版权开发涉及多个领域，从图书出版到影视改编、游戏设计、周边文创等，版权开发从业人员需要具备以上业态的理论知识和实际操作技能。这类复合型人才的筛选和培养需要较长周期，人才梯队的断层现象和数

量短缺严重制约行业的长远发展。

第二节　全版权开发的优化策略

在数字技术和互联网思维已经融入各行各业的当下，出版企业的版权运营和开发要实现持续健康发展，需要在稳妥把握版权内容的同时，探寻版权与市场的结合点，延长版权的生命周期，充分释放版权的潜在价值。对版权内容的全面开发是一个贯穿始终的过程。

一、明确全版权开发在产业链条运营中的核心地位，深挖出版源头优质内容

（一）建立高效的版权内容评估机制

在当今的数字化时代，网络文学和传统文学都应该以全版权运营理念为指导。由于将一部作品或者一个具有初步形态的版权以全版权方式签约的成本较高，出版社或版权运营机构需要以恰当而准确的效益评估机制，高效深挖优质内容，确保文化产品长久的生命力和积极正面的社会影响力。文化产品的社会影响力需要进入市场后经过长时间的考验，通过前期建立版权效益评估机制，可有效筛选真正具有持续文化影响力和市场价值的优质内容。

在建立版权效益评估机制时，必须坚持社会效益和经济效益相统一，同时将社会效益放在首位。版权产品首先要以满足受众精神文化需求为根本。按照马斯洛的需求层次理论，人的需求分为五层，分别是生理需求（食物和衣服）、安全需求（工作保障）、社交需求（友谊）、尊重需求和自我实现。一般将前四层需求称为缺陷需求，最高级别称为增长需求。社交需求、尊重需求和自我实现是人类较高层次的需求，文化产品正是承担这些更高层面精神需求的载体。数字版权的互动性对应人的社交需求，版权内容的丰富对应人寻求精神满足的需求，并以获得尊重和实现自身价值为最终目标。在这个意义上，版权的社会文化价值体现为帮助社会中的个体实现精神文化层面的需求，从而实现整个社会精神文化层次的提升。

具有开发潜力的优质内容资源与主流价值观念的内在指向具有一致性。尽管在市场的诱导下，目前有些版权内容出现了一些质量低下、盲目迎合受众休闲娱乐需求的低质量作品，但文化产品内在的教育引导作用始终占据主流。2021年，电视剧《山海情》和《觉醒年代》受到广大年轻受众群体的追捧。截止到2022年9月，《山海情》豆瓣评分一路上涨至9.2，创下近几年来电视剧最高评分；国家广电总局的收视数据监测系统"中国视听大数据"发布的《山海情》详细收视率显示，纳入计算的5个频道全剧每集平均综合收视率为1.504%；1月24日播出的大结局，收视率达到1.647%。以其为版权开发的周边衍生产品紧跟势头推进，比如《山海情》播出后为继续开发版权潜力，宁夏发布7条闽宁镇精品旅游线路。一个以平民视角讲述脱贫攻坚和东西部扶贫协作典范的故事，不仅带动了旅游业，推广了当地特色农产品，更重要的是，这部作品还是一个成功的脱贫致富宣传案例，生动记录了新时代脱贫攻坚战略的最新成果，具有极大的鼓舞人心、催人向上的激励作用。这是一个优质版权理应承担的社会职责。因此，在版权产业链源头尝试构建效益评估机制有助于放大其积极正向的推广价值。

（二）打造富有中华文化元素的版权内容

每一个优质版权内容都潜藏着成为爆款的可能。优质版权内容包含了足以打动受众的价值观念、文化意蕴和哲学思考。美国的各大超级英雄版权体现着美国的英雄主义价值观，如《变形金刚》展示的就是美国汽车文化。我国的大版权《鬼吹灯》《盗墓笔记》一类题材的火爆，源自其囊括了历史、地理、民间智慧和奇域探险等众多具有文化价值的元素；《甄嬛传》电视剧的热播与其呈现清朝宫廷内外斗争的独特情节相关，其以独特的形式让中国文化元素实现扩散式传播。

无论是传统文学还是网络文学，都可以回到中华民族浩如烟海的典籍库存中寻找灵感，包括诗词歌赋、话本评书、笔记小说，等等。打通古代文艺作品之间的界限，将中国风水墨画的精髓、行云流水的书法艺术等融入中国元素的版权打造中也是极为可能的。中华民族的文化精粹值得出版产业投入更多的精力深挖，既要传承又要弘扬。版权作为一种深度提炼的文化产品，对于中国形象和中华文化的海外传播具有极大价值。

以坚定的文化自信讲好中国故事，传播好中国故事。在这个过程中，版权的打造要做到古为今用、去粗取精、精细化运作。在展示中华民族的优秀精神品质时，为了最大限度地寻找与当代人民群众具有共鸣的题材，要在二者之间寻找交集。在不同的时空下，人们行为的价值准则不同，不能完全将古代人的价值准则刻板地照搬到现代人身上，否则既无法引起共鸣，还会引起价值引导倾向偏航的问题。在寻找传统文化与现代倡导的价值观的契合点时，可以多关注爱国诚信、艰苦朴素、勤劳勇敢的优良品质，并以爱好和平为价值指向，积极响应构建人类命运共同体的国家战略，将仁爱、博大的情怀和胸襟融入版权故事中。

当然，当下版权开发的类型化特征跟风的现象层出不穷，从故事和内核结构到题材选择、内容特色，一旦出现了某一爆款，短时期内必然会涌现出大批同类型作品。模仿固然是一种简化的打造版权的模式，但是过于集中在某些领域只能是原地踏步。在

《甄嬛传》等古风宫廷剧风靡全国后，大量类似题材的电视剧接踵而至，但收效不佳；在《三生三世十里桃花》的玄幻、仙侠题材得到市场确认后，铺天盖地的玄幻修真和仙侠题材影视剧跟进，对于观众而言实际上是造成了严重的题材审美疲劳。大同小异的故事情节和风格相近的摄影特效企图批量制作版权，而忽略了最核心的文化元素。版权产品在传统文化和中华精神中有大量不同题材的内容可以挖掘，应避免针对宫廷斗争、帝王权谋、修仙类题材套路化、模式化地推出内容，着重展现中国多方面的文化背景，巧妙运用多种方式全方位、多角度、立体化地展现中国形象；让中华文化健康地走向世界，赢得世界读者的认可。

（三）以完善的作家签约方式把握版权开发的主动权

作家是版权内容的生产创造者。优秀的内容品质是文化产品持久生命力的源头活水，是版权开发的前提条件。无论是传统文学还是网络文学，版权开发企业与作者的合作应该是互利的。出版企业和内容运营机构前期因为掌握资源更加具有话语权，但后期作者资源流失的问题要在运营过程中以更加合理的方式解决。

在作者与出版企业合作期间，要平衡好双方的利益，维护好原创作者的著作权，避免出现版权销售和运营方面的问题。因此，建立完善的作家签约机制，明确合作方式显得十分必要。同时，还要建立完善的激励机制，让作者可以参与版权产品的改编，并以实际的利益驱动激发他们的创作热情。实际操作者可以用奖励资金、衍生品分成等方式分享最终获益，妥善处理双方之间的利益分配。

此外，还可以考虑引入"众创"的方式参与版权创造。这种方式更适合网络文学的版权生产。网络文学本身的互动性让作者和读者之间更有交流感，"众创"的创作方式打通了作者和读者之间的界限，由版权的目标受众群体以作者身份参与故事创作的全过程。这样创作出来的作品版权与每一位参与者都有着紧密的联系。"众创"的内容由作者创作发布在平台，产品来自用户，用户创造内容；将对某一领域感兴趣的群体聚集在一起，汇集单个人的想象力和创作能力，不断放大即时互动对于内容创意的价值。以"众创"的方式打造版权能增强原著粉丝的黏性，通过强化故事加深读者对于作品的参与感；还可以让内容创作更加贴近现实，集思广益，避免因个人创作沉浸个人世界。当然，"众创"的方式在具体实践中会遇到各种问题，但不失为一种可以尝试的路径。

二、拓宽运营渠道，打破行业壁垒

（一）增强跨媒介叙事能力

"跨媒介叙事"是美国学者亨利·詹金斯提出的促进媒介发展的理论。他认为跨媒体故事横跨多种媒体平台，每一个新文本都对故事作出了独特而有价值的贡献。跨媒介叙事最理想的状态是每一种媒介各司其职、各负其责。这与版权不同形态的产品打造流程相当吻合。亨利·詹金斯还指出，传统的特许经营致力于将版权形象尽可能多地复制到不同的产品形态上，而这会造成重复劳动、限制创新、艺术视野受限等问题。跨媒介叙事正是通过打通不同形态的故事之间的壁垒，以联动的方式带给用户全新的体验。要想实现理想中的跨媒介叙事，就需要运营渠道中各个环节的配合，打破行业之间的壁垒限制。

以跨媒介叙事为指导，要将全产品链中的版权产品形式当作一个完整的故事内容来进行运营，而不是同一个故事内容以不同的产品形态呈现这么简单。每一种形态呈现的内容是完整故事的一部分，以补充的形式不断带给受众全新的体验。比如，美国的"漫威宇宙"大版权世界构建，充分利用了跨媒介叙事的联动效应：先是通过大电影来逐步构建漫威宇宙，并不断为单个超级英雄打造独立大电影，逐渐拓宽大众市场，并将每一个超级英雄相关的故事背景和情节与漫威宇宙的整体故事建立联系；接下来一步步推进各个人物的电影上线，各个英雄在彼此的电影中互相客串；最后以《复仇者联盟》将所有超级英雄集结成队，收获超高电影票房；为了让漫威宇宙的故事更加完整真实，衍生电视剧《神盾局特工》等陆续上线，满足漫威粉丝对漫威宇宙的一切想象，并不断突破可能的想象，以全新的剧情和形式延展故事的丰富性。

（二）加强渠道深度合作能力

在开发版权产品的过程中，加强渠道之间的合作包括"横"和"纵"两种方式：既可以纵向不断开发新的衍生品，保持版权在市场的热度来实现推广宣传；也可以横向与其他平台之间进行合作。比如，以版权为主题的游戏等，可以与 App 商店合作，通过提高下载率来扩大传播，不同的版权形象之间也可以联名推出创意产品。不同平台之间也可以进行合作，比如在线阅读网站与短视频网站进行合作。短视频网站的用户规模巨大，在线阅读的一些内容未来的开发方向也包括衍生的短视频。前期增加合作有助于后续合理引流，这也是渠道运营互相借力的一种有益探索。

积极运用新技术可以在一定程度上打通渠道合作之间的壁垒，纵向延长版权产品的生命周期。新技术意味着新体验，新体验就能创造新的消费场景。比如，基于《三生三世十里桃花》等版权改编的网络游戏，充分运用 VR 技术，通过虚拟现实的形式让受众与剧中人物产生面对面交互的感觉，由此带来全新的版权衍生品形态。版权开发产业链的后续需要不断增强用户体验，新技术的使用赋予版权更多的可能性。新产品对其他周边的带动作用促进渠道之间的交流合作，根据受众需求，各个渠道之间互联互通，从而实现版权经济价值的转化。

三、促进产业融合，打造畅通的全产业链生态

文化产业是衡量一个国家文化软实力、社会经济发展和人民精神文化水平的重要标准。国家明确提出大力推动文化产业发展，相关的政策不断完善，这对文化产业的结构优化是重要机遇。以影视剧、游戏、动漫和文创周边等为代表的版权产业影响力越来越大。要实现文化产业向更高层次发展，必须打造畅通的产业链生态，推动产业融合进程。当前，我国版权的全产业链生态布局已经开始，但是对于版权的开发能力还处于起步阶段，版权运营的收入占总收入的比例仍存在提高空间，市场潜力尚未得到完全挖掘。具体可从以下几个方面入手：

（一）充分运用政策优势

目前促进文化产业发展的法律法规出台较多，《互联网文化管理暂行规定》《中华人民共和国文化产业促进法（草案）》《关于深入推进文化金融合作的意见》等相关政策都在鼓励产业的融合发展。在全产业链布局中，行业内各个部门要实现全产业链的生态化布局升级，将内容创作和运营方、影视制作方、推广宣传方、投资方等各方人员纳入体系之中；以贯穿上、中、下游全流程的综合性文娱产业指导版权产品的生产，充分挖掘版权产品之间的联系和相关性，理顺版权运营中的思路；将囤积版权的无序竞争状态遏制住，以合理的产品布局排除运营方面的障碍，进而对版权资源进行合理调度配置和充分开发。

（二）拓宽版权运营渠道

版权运营渠道的拓宽需要紧紧把握各方的利益，可以考虑规范化开展版权经纪人制度，通过版权经纪人为内容创作者和版权运营方搭建沟通的桥梁。

这方面专业人才的缺失正是未来可以着力加强的发力点。版

权经纪人需要以详实、细致的数据信息和专业的内容行业经验对版权的发展潜力作出评价，包括可行性分析和预计风险评估等。在全新的版权运营产业链中，对于版权经纪人和版权经纪人团队的要求更高，必须以过硬的文学素养为基础，了解传统文学和网络文学的各自风格特点；必须深度了解内容行业的运营规律，并对文学和内容创意的产生能够作出合理的评判，包括一个潜在版权具有哪些形态的开发价值，预期开发效果如何，在实际的工作中还要有效调动资源，以跨界融合发展思路为指导推进工作；在版权运营中可能会涉及一些法律相关的问题，版权经纪人要能妥善地解决新领域和跨领域合作中出现的矛盾纷争，并维护好作者方和版权运营方各自的权益。

（三）把握全民阅读新趋势，合理带动产业融合升级

中共中央宣传部印发的《关于促进全民阅读工作的意见》中明确：到2025年，通过大力推动全民阅读工作，基本形成覆盖城乡的全民阅读推广服务体系，全民阅读理念更加深入人心；活动更加丰富多样，氛围更加浓厚，成效更加凸显；优质阅读内容供给能力显著增强，基础设施建设更加完善，工作体制机制更加健全；法治化建设取得重要进展，国民综合阅读率显著提升。全民阅读已经上升为国家发展战略，人们的阅读喜好也在随时代发生变化。无论是传统文学还是网络文学，都要积极地适应人民群众对阅读的期待，继续探索以数字技术和新型阅读终端带来的新机遇。传统文学和网络文学在媒介融合的当下可以尝试通过版权运营找到合作机会，让优秀的版权作品以推动全民阅读进程为宗旨，打通传播的阻碍。

（四）理顺社会效益与经济效益之间的关系

文化产业的双重属性决定了其不同于其他产品的社会责任。在"文化产业"四个字中，"文化"指向要传播积极正能量的信

息，传递主流价值观，不断丰富人们的思想；成为"产业"是因为这又是一种全新的商业模式，而且还是一片值得深入探索的新蓝海，是新兴的创意产业。文化产业虽然双重属性在身，但应明确社会效益始终都应该是放在首位的，这就要求版权产业链上、中、下游的相关企业都要以此为自我要求的准则，自觉树立责任意识，在确保自身企业正常运转的情况下，做到双效统一。在严格自我要求和遵照规范指导的情况下，尽量实现经济效益最大化。企业天生有逐利本性，不能完全依靠企业自律；企业可以在市场上发挥资源调配作用，还需政府通过强化市场监管职能维护文化产业的健康、有序发展。政府在规范引导文化产业发展方向时，可建立奖励评审机制，通过合理的奖惩协调企业在社会效益和经济效益之间的平衡；鼓励作者和内容运营机构创作具有正向引导价值的优质作品。日本动漫产业的崛起与政府建立的奖励评审机制密切相关，政府定期举办主题表彰会，对内容创新、技术创新的新作品给予奖励，并不断增加奖项数量，让一些有潜力但还未被发现的优质作品得到关注和认可。

（五）深耕出版产业，讲好中国故事，推动版权出海

一个国家的文化集中体现在这个国家的主流思想价值观念和意识形态中，这些抽象的概念和精神品质以文化载体的形式表现出来，包括一个国家的制度政策、舆论、文化产品等。在新时代下，中国特色社会主义文化建设的目标是建设社会主义文化强国。文化自信是一个国家、一个民族发展中最基本、最深沉、最持久的力量。在推进我国文化产业融合发展的过程中，必须时刻坚定文化立场，以中国基本文化价值观念讲述中国故事，创造中国的文化产品。无论是传统文学版权产品还是网络文学版权产品，都是文化产品中集人文性、思想性、艺术性于一体的代表，其大众性使其在社会中具有极广的传播范围和影响力，必须在内

容创作、产品打造、宣传推广等各个环节明晰其作为文化载体的重要使命；在满足广大人民群众对优质文化产品需求的同时，还肩负向海外推广中华文化的重要职责。从版权本身的市场性来看，走向海外、拓宽市场也是版权运营的经济目标。

走出国门，以富有中国特色的版权闯荡世界文化市场，可以让更多富有中华传统文化元素的文化作品展示中国形象，讲述中国故事。而要想实现让中国元素版权走入海外市场，就要在中华传统文化和中华先进文化中寻找适合更广泛的大众群体的作品，打造具有高度识别性的版权产品，如漫威宇宙和超级英雄对应美国文化，七龙珠等动漫形象代表日本文化。目前，我国尚缺乏具有国际影响力的大版权，因此在推动版权出海时应着力创造具有时空跨越性的文化版权。中华传统文化典籍中大量优秀的内容，依然是当前严肃文学和网络文学创作的灵感来源。日本的《七龙珠》漫画源自《西游记》。西游大版权的潜力当前得到了一定程度的开发，网络文学《悟空传》、院线电影《大圣归来》是将西游版权进行合理开发并且收获良好反馈的典范，但是距离成为具有国际影响力的文化版权仍然还有一段距离。未来，版权出海应立足中华传统文化宝库，以深厚的文化底蕴为基础，不断创新版权表达形式，类似西游版权等众多经典的版权出海潜力仍在等待被发掘。

第五章　近四十年我国图书发行
渠道的发展历程

每当图书发行渠道出现新的变革，无论这种变革是基于政策引导还是基于技术创新，都会对原有的发行渠道和发行方式形成不同程度的冲击，而无论是出版企业还是发行渠道自身，都是在应对新渠道、新业态冲击的过程中，获得了自身发展的新动力。渠道的不断拓宽和新业态的不断涌现，一直是推动图书出版行业整体向前发展的驱动力。

第一节　新华书店的集团化

从新中国成立到1985年之前，我国各出版社的图书总发行一直由全国新华书店代理。各省市区新华书店总代理发行各地方出版社的图书，独家包销全国；新华书店总店总代理发行中央出版社的图书，独家包销全国。出版社只负责内容生产，不负责市场营销和渠道维护。直到1985年，新华书店将图书总发行权移交给出版社，正式由各出版企业自办发行。这一发行体制的变革，可以说是出版企业市场营销活动的起始点。各出版企业为适应新的市场角色，纷纷建立发行部，开始自建发行渠道，自己找市场，这让出版企业真正实现了编印发一体化，自办发行让出版企业更有活力，这在很大程度上提升了出版企业的核心竞争力。

1999 年，江苏、广东、四川三地在省新华书店基础上，成立了新华发行集团，成为全国首批发行体制改革建立发行集团的试点单位。随后，各省新华书店相继成立了发行集团公司，实行集团化运作。2006 年，上海新华发行集团有限公司率先上市，紧接着江苏新华、辽宁新华、新华文轩也先后上市。2008 年以后 30 个省级国有新华书店系统全面完成转制工作。目前，发行集团根据其与出版集团的关系，可分为以下几类：

一是发行集团归属于本省出版集团，如山东、福建、江西、湖南、湖北等；二是发行集团为主体合并出版社成立出版发行集团，如新华文轩出版传媒股份有限公司；三是发行集团独立于出版集团，如北京、安徽、重庆、内蒙古等；四是省店与省会城市店、计划单列市店分别独立成立发行集团，如广东省与广州市、山东省与青岛市等；五是跨行联合成立集团，如上海新华传媒有限公司与报业集团一起成立传媒集团公司。发行集团作为中盘，整合本省市区新华渠道资源，负责市场图书在本省市区新华书店内的整体发行，成为供货龙头，而销售网点则做好终端服务，这种体量的优势，让一些原本面对民营竞争不断失去份额的基层新华书店重获发展。大部分的省级新华书店都推行连锁经营，进行信息系统和物流中心改造升级，陆续建立大型现代物流配送中心。连锁经营后的新华书店因其遍布全国各地黄金地段的网点而在自办发行后的出版企业中拥有非常强的话语权，覆盖全国的销售网络让其占据着全国图书发行渠道的主导地位，就资源和品牌影响力而言，普通民营企业无法与之比肩。新华书店体制机制的进一步变革，为出版企业的发行工作带来了新机遇和新挑战。

主渠道和民营渠道既有竞争又有互补和合作，这是前电商时代出版行业渠道的基本格局。而这种竞争关系随着网络电商时代的到来，变得更加激烈和多元化。

第二节　民营渠道的发展壮大

新华书店一度是图书发行的唯一选择，出版企业的图书都是先批发到发行所、省级新华书店，再到基层新华书店，最后到达读者手中。20世纪80年代初期，单一的国营销售渠道开始满足不了读者日益增长的阅读需求，民营书业渠道由此走上图书市场的舞台。1982年，原国家出版局发布《关于图书发行体制改革问题的报告》，提出要"积极发展集体书店，适当发展个体书店"，提出了"一主三多一少"（以新华书店为主体，组成多种经济成分、多条流通渠道、多种购销形式，少流转环节的图书发行网络）的图书发行体制改革。新华书店"一统天下"的局面开始被打破。民营渠道从开始的"夹缝求生"逐渐发展到占据图书市场的"半壁江山"。20世纪90年代，民营书业发行网点数量猛增，各一线城市和省会城市几乎都建立了民营图书批发市场，民营渠道逐渐成为图书发行渠道中不可或缺的销售力量；特别在一般大众图书的领域，民营销售商对出版企业的贡献越来越大。出版企业对民营渠道的态度也从开始的不屑一顾到后来的广泛合作。这一时期，民营书业也在不断进化，批发市场小档口和小零售书店逐渐壮大为大中型图书超市和独立书店，图书销售的专业化程度也不断提升。这一时期创立的万圣书园、风入松书店以及国林风书店，被誉为"中关村三大学术书店""北京三大民营书店"。1996年，席殊书屋开业，开启了民营书店连锁经营的道路。1998年，席殊书屋率先将特许经营引入中国图书业，以"批发加零售"的业务模式，建成大规模的席殊书屋加盟连锁体系。到2002年，席殊书屋在全国发展了560多家加盟连锁店，一度成为民营书业的一面旗帜。2004年，山东世纪天鸿书业有限公司获得出版物国内总发行权和全国性连锁经营权。这是民营企业首次同时获得这两项资格，与新华书店相比，除尚未得到教材发行权之外，其他方面已得到完全平等的政策条件和竞争权利。这被业界认为是出版发行行业对内开放的里程碑。作为那个时代的新兴渠道，民营销售渠道的繁荣是图书发行体制改革的必然结果，它又进一步拓宽了图书发行渠道，为图书与读者见面提供了更多可能性和便利条件，为出版企业的发展创造了新的市场机遇。然而，随着2000年以后，网络书店为了提高图书销量而大量打折促销，各大电商平台间不间断的价格战，强烈地冲击着实体书店，特别是纯粹靠市场零售的民营实体书店。民营实体书店在网上书店的折扣战冲击下节节败退，一大批民营实体书店陆续倒闭关门。北京席殊书屋、风入松书店、第三极书局、厦门光合作用书房等诸多颇负盛名的独立书店相继退出历史舞台。在网络冲击以及房租、人力成本上升等外部压力下，民营实体书店的销售网点逐年减少，民营实体书店面临着严重的生存危机，出版企业与民营实体书店的合作面临更多的不确定性。

第三节　网络电商时代的渠道变化

近二十年来，随着互联网经济的快速发展，我国图书线上发行渠道也经历了起步、快速拓展和新业态兴起三个阶段。

第一阶段是前十年的起步阶段，占据线上销售主要份额的销售渠道为当当和亚马逊两家。1999年11月，当当网正式投入运营，专注于图书销售业务。2000年，卓越网上线。2004年8月，亚马逊全资收购卓越网。2003年的"非典"对网络购物习惯的形成影响巨大，在电商平台购书于"非典"期间增速明显。当当与亚马逊的崛起标志着我国图书发行渠道电商时代的到来。出版企业纷纷转向了电商渠道，充分发掘网络书店的优势。但在这一阶段，线上销售额占整体图书零售市场的份额还非常有限。实际上，在当当网开张之前，一些传统出版发行机构也开设了网络书店，如1997年5月，中国出版对外贸易总公司开设了中国现代书店；1999年3月，北京图书大厦网络技术有限公司开设了北京图书大厦网络书店。但这些网络书店作为实体书店的补充，仅止于起步，书店的业务主体还是实体店销售。直到当当网的正式上线，才真正拉开了国内网络发行渠道发展的大幕。

第二阶段是近十年的快速拓展阶段，随着国内领先的综合电商纷纷进入图书线上销售领域，图书网络销售渠道的竞争加剧了。2010年11月，京东商城图书频道正式上线，天猫图书自2012年6月上线。随着京东、天猫等电商的加入，图书线上销售额及渠道占比均快速增长。天猫书城作为平台电商自己并不销售图书，而是为图书销售商提供了天猫这一当时流量最高的电子商务平台。因此，不仅当当进驻了天猫，国有新华书店和民营渠道也纷纷入驻天猫，转型线上。此外，京东和当当也开放第三方销售平台。天猫商城打破了当当、亚马逊和京东等自营电商对于流量的控制。文轩网、博库书城这些传统国有发行企业，凭借与出版企业广泛合作带来的品种优势和电商渠道催生出的新折扣水平以及平台的流量扶持，迅速崛起，很快在天猫平台占据了优势。国有的博库和文轩以民营的天猫为主阵地，已经发展成为当当、京东外最重要的线上图书销售商。可以说，线上和线下的划分取代了国有和民营的划分，成为最重要的渠道区分标准。2016年，线上销售额首次超过线下，但是愈演愈烈的价格战和打折促销等一系列问题让图书出版企业对网络电商"爱恨交加"。

第三阶段，也就是当下，伴随5G通信技术发展和疫情防控的常态化，社群营销、短视频媒体、直播带货等新业态又一次带来了发行营销渠道的大发展，新业态渠道的流量以惊人的速度增长，人们的阅读习惯由传统纸质图书阅读向数字化阅读拓展。线上线下多层次的阅读方式不受时间和空间的限制，阅读场景由单一形式向多元化形式转变。如何适应并利用新业态实现高质量发展，是新业态下营销研究所要解决的问题。

新媒体渠道作为新的流量入口和变现手段，瓜分着传统网络书店的流量，与网络书店形成了新一轮的竞争，并以符合人们碎片化阅读的形式，在流量的竞争中占据优势。新媒体渠道提供更具个性化的服务，让读者得以找到适合自己兴趣和需求的垂直领域，新媒体使得用户触达图书产品的时间更短，用户可以通过短视频和直播直面产品而无须经过传统网络书店和实体店。他们需要的服务不仅是传统网络书店提供的排行榜和页面推荐及折扣优惠，还需要更深度的服务，例如，如何快速阅读一本书，如何判断是否值得花时间阅读一本书等。面对新媒体渠道的冲击，传统网络书店一直以来形成并习惯的一整套电商销售逻辑都正在被打破。传统网络书店仅仅售卖产品的方式已不能完全满足人们的需求。无论是传统发行渠道还是出版企业，都必须从舒适区中走出来，迎接更为激烈的挑战，深入研究社群渠道、短视频和直播营销，加入流量和用户时间的争夺战中去，实现自我转型，拥抱新业态，实现新发展。

第六章　网络社群营销现状及对策

第一节　网络社群与社群经济的出现

社群亦称"社团"或"共同体"，是具有某种共同价值、目标和规范的社会群体。在互联网已经融入生活的当下，社群呈现出强劲的发展势头，对社会产生越来越大的影响。对个体而言，发达的社群的存在可以满足其不同的生活目标、理想追求和情趣取向的需要；并且通过交往活动与他人形成广泛社会联系，使社会参与的需求得以实现。

现实中社群的产生早于互联网时代。随着互联网时代的到来和网络社交媒体的兴起，信息的交流不再受限于地理因素，现实中的社群向网络聚集，形成了网络社群。网络社群虽然也是由具有共同的生活目标、理想追求和情趣取向的人们组成，但其是以互联网为主要沟通媒介建立起来的新型社会群体。在PC时代，代表性的网络社交平台是天涯社区、百度贴吧、豆瓣等。这时候，受硬件设备和有线网络的制约，社交平台同时在线和即时互动的人数有限。但随着移动互联时代的到来，手机等移动终端进一步延伸了社群成员的身体和思想，人们可随时随地在线交流、讨论和分享，网络社群多以QQ群、微博、微信、公众号等为沟通平台。移动互联网对传统的人际关系产生了颠覆性影响。加拿大传播学家马歇尔·麦克卢汉在其著名的"地球村"理论中就预言：人类社会形态经过全球化阶段之后，会重新进入部落化。如今我们的网络社群就是这种部落化的表征。部落化的社群既是一种身份认同，又是一种情感归属，因此它有稳固的信任感、依赖感和消费基础，从而形成社群经济。

当下的社群经济基于移动互联网平台，为拥有共同兴趣、认知和价值观的用户集合体提供产品或服务；并通过社群内部的互动，不断提升产品和品牌的文化价值，带来可持续的商品生产和消费。美国营销专家奎尔曼提出：社交媒体提供了多对多的对话模式，信息传播链条理论上能够无限延长，用户通过社交媒体对产品或服务进行搜索和提问，对广告持怀疑态度，更看重其他用户的意见反馈。[①]网络社群营销正是以网络社群为基础，建立起来的全新线上营销模式，它借助虚拟的网络社群中的各种人际关系来进行市场营销，以用户为中心，以口碑为媒介，以产品或服务满足社群中用户的需求，使群成员认同产品，继而向更多的消费者推荐。图书网络社群营销则是指基于网络社交平台和网络社交软件，将具有相同读书兴趣的读者聚集在一起，将其作为出版企业图书信息传播的目标群体，并通过网络社群实现销售的一种营销方式。

第二节　图书社群营销的主要模式

目前，出版企业图书社群营销的主要模式有出版企业自建社群营销渠道及与第三方自媒体社群合作两种模式。

---

①奎尔曼：《颠覆：社会化媒体改变世界》，刘吉熙译，人民邮电出版社2010年版，第70页。

一、出版企业自建社群营销渠道

在由出版企业建设自营的社群营销渠道的模式下，利用出版企业官方微信公众号、小程序和官方微博等平台和入口，吸纳对本企业产品和服务感兴趣的读者，为产品精准地寻找用户，为企业积累私域流量。不同于第三方社群自媒体有强势的意见领袖，在出版企业建立的自营社群平台中，交流沟通的主角基本上是读者，出版企业可以通过读者间的互动交流了解到市场的需求，从而进一步实现图书的差异化出版与精准销售。在社群中，出版企业可以在读者的互动交流中了解读者的阅读需求和偏好，为图书策划和精准营销奠定基础。豆瓣、微信、微博、QQ、贴吧和各类论坛等网络平台，都是出版企业建立并运营社群的阵地。不同平台的使用人群背景、年龄和兴趣偏好都有各自的特点，所以在选择和运营时，出版企业必须"因地制宜"，而不能一刀切。此外，还要重视平台间的连接和互动，争取实现以一带多、以点带面的效果，从而提高出版效率。

二、与第三方自媒体社群渠道合作

（一）垂直类自媒体社群渠道

垂直媒体是只专注于某个专门领域的专业的媒体，它专注于提供该专门领域内的专业化信息和相关的专门服务，提供一种专业化的场景表达。自媒体社群中有其当然的意见领袖，而且社群中的一般成员高度认同意见领袖的个人能力和权威性，认同意见领袖主张的价值观而聚集在一起，由意见领袖自上而下地在社群自媒体平台上传达各类用户感兴趣的信息，推荐产品。由于一般成员对意见领袖的信任甚至盲从，使得爆款产品很容易在这类社群中出现。在图书营销领域内，用户愿意接受意见领袖所认可的图书产品。"罗辑思维"是基于微信平台的社群营销模式最典型的代表。2014年6月，"罗辑思维"微信公众号通过微信社交平台进行了一次成功的产品测试：一次性推出8000套定价为499元的图书礼包盲盒，不向其社群用户透露礼包中的具体书目。令人颇感意外的是，只用了不到90分钟，这8000套书居然就被其粉丝抢购一空。在这个案例中，社群成员对作为意见领袖的罗振宇的信任感，超过对图书礼包内容的重视程度，情感压过理性，直接转化成购买行为——这正是社群营销中塑造人格化意见领袖的重要性之所在。这种经营垂直类目的自媒体社群运营模式如今已经较为成熟，他们经营的公众号和粉丝群数量众多，庞大的用户基数是这类社群最鲜明的特征。其中，不乏拥有上千万粉丝的头部社群微信公众号。一方面，出版企业乐于与这些大的社群公众号建立合作关系，基于如此庞大的粉丝基础，即便是销售转化率不高，也可以有效地宣传出版企业的图书产品及品牌，期待后续图书销量的新增长；另一方面，出版企业大都已经意识到了自媒体社群营销的重要性，纷纷将第三方社群作为图书销售的重要渠道，以期取得良好的读者口碑和市场回报。不管是"罗辑思维"抑或是"童书妈妈三川玲"，作为垂直类目的意见领袖，他们都在用独特的人格魅力为其自媒体公众号进行商业背书。对于传统出版商来说，合作的行为仅仅为自媒体渠道提供了人气入口产品。第三方公众号严格的选品制，及其仅专注于垂直类目的限制，使其无法真正成为一般图书的主要销售渠道。出版品牌、出版人品牌应研究如何能在社群运营中提升影响力和公信力，进而在图书及知识类产品的推广上占据一定的话语权，从而转型升级为新业态下专业阅读社交平台运营商。

（二）电商+社群模式

大V店、十点读书、慈怀读书会等，这类社群更具综合电商的属性，与上述自媒体社群渠道有两点不同：一是虽然也有一定清晰的垂直社群定位，但其销售选品内容较为宽泛，对推荐图书的具体类别和内容主题不做过多限制，只要是优质的内容，就可以发布产品信息，推荐给其社群的读者选择购买。比如，"十点读书"是以"十点读书"公众号为中心的。"十点读书"公众号是一个覆盖读书、电影、娱乐、时尚等多个领域，读者群以都市时尚白领为主的自媒体公众号。它构建了一个涵盖微博、微信、电台、微社区等平台的读书类新媒体产品矩阵，其电商平台"十点好物"的消费者与之高度重合，一本图书的内容会随着在"十点读书"平台的推荐，而在粉丝群体内广泛传播，在"十点好物"的销售情况也会随之提高。二是不仅仅突出意见领袖个人的影响力，而以读者分享好书为主。大V店是这类大V社群的典型代表，致力于亲子阅读和妈妈成长，建立了国内庞大的妈妈社群，在全国有V友会微信群几百个，拥有数百万活跃的妈妈用户，在亲子育儿群体中有着深远的影响力。大V店的商业模式是一种基于推荐的网络购物社区电商商业模式，包括名人推荐、内容推荐、周围人推荐等，以满足用户的实际需求。大V店也采用了用户共享机制，读者可以根据自身的阅读喜好和兴趣，选择图书进行社群推荐。大V店鼓励读者分享自己感兴趣的书目，可以通过有效的信息共享赚取部分佣金。大V店并非单纯的传统电商平台，而是将网络电商与社群营销紧密结合起来。它鼓励妈妈群体参与分享，尤其是鼓励那些有优质微信社群资源的妈妈群体，在她们自己擅长的、有话语权的领域内分享优质的内容资源，以内容而非直推商品来吸引目标消费者，培养读者用户对妈妈群体的信任，最后引导网络用户通过大V店平台购物。从某种意义上讲，大V店中的妈妈群体，不仅是消费者，更是代理人。妈妈群体不需要自己寻找货源，不需要自己入库发货，只需依托大V店平台。大V店负责商品的收款、订单出库，到物流配送的全流程；推荐人只需要等大 V 店发放销售佣金。这与淘宝的淘宝客、有赞的营销员以及京东微信荐书联盟的模式相同。从出版企业与他们合作的实践来看，销售一般不如选品严格的自媒体公众号那么有爆发力，流量不那么集中，但其优势是为更多的图书品种提供更广泛的社群销售平台。与自媒体社群公众号相比，其运营模式更像传统电商平台；但以社群的方式进行内容和产品服务推广，产品类别也并非全覆盖，这又是其与传统电商平台的区别。

第三节　网络社群营销给传统出版企业带来的改变

网络社群营销给传统出版企业带来了诸多改变，具体表现在以下几个方面：

首先，改变了出版业销售渠道的格局。中信出版集团"科学跑出来"系列在"罗辑思维"首发 20 天，销售 10 多万册；《世界上最大的蛋糕》通过"童书妈妈三川玲""凯叔讲故事"等第三方垂直社群平台，上市一周，首印的 1.2 万册全部售罄，15 天加印到 3.5 万册；成人涂色书《秘密花园》上市几天，刷爆了微信朋友圈，仅一个多月便位居各电商榜首；中信出版集团的《疯狂动物城》选择在北京果敢时代大 V 店首发，上架时间很短就销售 7000 多套。

社群电商图书营销新模式正在改变出版业的营销模式，甚至改变出版企业的选题思路、销售格局。网络社群营销作为新业态发展而产生的新渠道已经改变了中国出版业传统的销售格局。从渠道角度看，曾经作为新兴渠道和颠覆式进场的当当、京东两大自营电商乃至天猫等平台电商虽然仍占据出版销售渠道的主体地位，但是其体制机制不再有革新意义，已经逐渐被业内定义为传统电商。新业态背景下的社群营销渠道作为传统电商的重要补充，异军突起并后劲十足、持续发展，社群电商的目标客户群体十分精准，所以订货数量接近实销，几乎零退货，其回款周期比较短，出版社不用担心积压，库存周转率得到了提高，这对整个中国出版行业来讲，无疑是一个重大利好。

其次，改变了出版业的营销模式。网络社群营销使得社群成员与出版企业之间由单向的信息传递转变为双向的协同互动。传统的图书营销主要是单向的、线性的传播模式，出版企业很难有效获得读者的反馈信息，读者单纯作为产品的接收者，即使可以表达个性化的需求，也让出版企业很难辨别、判断其需求和意见是否有代表性，从而很难回应其诉求。出版企业的社群营销以读者成员的多向互动为主要模式展开，实现了内容的双向传播。一方面，出版企业通过社群让读者更加了解图书、作者、出版企业和品牌等各方面的信息；另一方面，社群营销也让读者从图书产品单纯的接收者变成了参与者、传播者和分享者，社群成员对图书产品的阅读体验、点评会直接影响营销效果。当相当数量的社群成员在社群里把自己对图书产品的评价加以分享时，这种读者评价就会转化为持久的口碑，不仅影响其他群成员，而且会随着群成员的分享而继续向社群外传播，对非社群成员产生积极影响。

再次，改变了出版企业营销组织架构。为了适应当前网络社群营销的发展要求，出版企业需要重新调整传统发行部门的组织构架和人力资源配备，为自营微信公众号、微信商城增设专门的营销人员，指派对接各大V社群电商渠道的发行人员，以充分与图书类社群不断深入合作，形成新的渠道增量。目前，社群营销开展得好的出版企业已经标配了社群营销岗位，有的归在发行部，作为社群渠道的发行员，也有归在营销部的，作为营销编辑，前者显然是偏向与第三方、社群对接合作，后者则侧重于自建媒体的建设和运营。无论是哪种方式，都是对社群营销趋势积极的回应。当然，很多出版企业适合社群渠道的新产品并不多，岗位多是兼职。

最后，改变了出版企业的选题设计思路。网络社群营销的精确性使出版企业能更准确地把握市场的喜好和需求，能够更精准地定位到目标读者，出版企业对基于读者反馈的市场大数据进行分析，从而提高了图书产品生产和传播的效率。出版企业在交互式的社群里，实现了出版企业和读者之间、作者和读者之间、读者和读者之间，乃至第三方意见领袖和读者之间的深度交流和分享，从而有助于逐步建立出版企业、作者、读者的良性互动循环。作为社群成员的普通读者甚至有机会亲自参与图书出版过程，从选题论证、设计印刷、宣发销售，到阅读体验和售后反馈，都可以深度参与，这让普通用户更乐于认同该出版企业的图书，也进一步增强了社群成员对出版企业品牌产品的忠诚度，社群成员的关系更加紧密。企业通过自营社群，不仅可以推广已有的图书产品，还可以深入了解读者的阅读喜好和真实需求，掌握目标消费人群对图书产品及售后服务的看法和意见，为下一步的选题设计、营销方法提供数据支持。从内容生产角度看，根据社群用户的精准需求，开展特殊定制出版，已经成为图书出版的一个重要方向。社群营销改变的不仅仅是图书销售的渠道，而且前所未有地强化了以读者用户需求为中心的思维方式和选题设计理念。出版企业通过对社群中读者用户的维护和服务，可不断地挖掘出更多的市场选题项目。

第四节　当前出版企业社群营销面临的问题

一、自建社群所面临的问题

（一）自建社群公众号内容薄弱、形式单一

对于中小型出版企业来说，自建社群渠道面临的困难与挑战并不少。虽然大部分出版企业都开通了微信公众号、新浪微博，建立了一些微信群和QQ群等，但没有形成统一的社群平台营销运营方案，更多的是被当成企业信息发布的平台，影响力有限。例如，从微信公众号的活跃度来看，虽然我国500多家出版企业大多数建立了微信公众号，但能保持日更新的出版企业微信公众号并不多；并且传统出版企业的网络表达过于呆板，还是采用文字和图片混搭的形式，也很少对页面进行版式的美化设计；宣传营销的方式比较"硬"，缺乏视频或音频等符合当下受众习惯的方式。这些都使得出版企业的微信公众号界面过于单一，在微信推广和产品营销中的优势不明显。大多数微信公众号的活跃度较低，信息发布周期较长，阅读量很少，而且缺少热门产品详情页展示，也没有图书销售等营销版块。

（二）缺乏专门的社群渠道人才

大多数出版企业社群营销的效果不明显的原因在于缺乏专业运营人员，创造性地对社群渠道进行持续运营和维护。出版企业社群营销大多由营销编辑兼职运营，基本也只是做微信公众号搭建与维护，把编辑写好的文章排版后发表到公众号等最基础的工作，对于如何运营社群、维护社群活跃度、提高转化率等，都没有能力深入开展。

（三）社群渠道管理方式缺乏创新

社群渠道对出版企业的市场化水平和渠道管理方式提出了完全不同于传统电商渠道的新要求。社群渠道与传统渠道之间存在营销资源分配、价格统一协调管理、供应链保障等问题，因为涉及不同部门和团队利益，出版企业管理机制若不到位，容易因社群业务引发内部团队的矛盾。有的企业销售渠道划分虽然比较清晰，但没有根据销售渠道的不同特点，制定相应的差异化销售策略，普遍没有行之有效的解决方案，因而无法有效地整合多营销渠道形成营销合力，更遑论多渠道互相融合互补。社群渠道的发展呼唤出版管理者做好顶层设计，创新渠道管理方式。

二、与第三方社群公众号合作的问题

（一）社群渠道品种承载力有限

对于大多数出版企业来说，每年出版图书成百上千种，能和外部社群平台合作的图书却十分有限。有限的流量入口是无法承载多数的图书品种的，而头部流量资源就更加稀缺。头部社群平台选品的要求大多比较严苛。以"年糕妈妈"为例，他们每选一本书都经过了十分严格的论证，而出版企业送来选品的样书又多，竞争十分激烈，这也使得其入选的比例大概是百分之一。在"罗辑思维"上，推荐图书的频率也仅为一周一本。可以看出头部自媒体社群主要思路是精选单系列单套图书，打造爆品，所以能通过社群推广的品种和频率都极其有限。自媒体社群还不是传统意义上可以全品种销售的平台，作为一种渠道的选择，它只卖自己能卖的书，做的是垂直类社群，所以我们无法期待社群渠道如传统电商一般承载如此多的品种。

（二）销售转化率在逐渐降低

在经过一段时间的野蛮生长之后，销售转化率有下降趋势。

过去在头部自媒体社群平台，上线一天的销量可达一两万套，而现在这些大号的销量锐减到三四千套。由于销售图书的自媒体数量激增、竞争愈加激烈、选品标准不断变动、控制价格难等因素，造成粉丝对社群渠道的信任度下降，结果就是销售转化率逐渐降低。在社群营销方面，并不是粉丝越多流量越大，销量也就越大，点击率和转化率并不是简单的正比关系。比如，十点读书、慈怀读书会等读书类社群都是内容提供者，推广图书的文章阅读量虽高，但其社群成员并不一定愿意买单，图书销售的转化率不明显。

第五节　图书出版企业社群营销的发展建议

社群营销的逻辑是不断裂变、持续运营的，可以说唯一不变的就是变化本身。出版企业应准确把握自身产品的优势与特点，建立企业自有的多平台的社群矩阵，形成立体化的社群营销，这是未来发展的必然趋势。但当前，在自营社群盈利能力普遍偏弱的情况下，实现自营社群和外部社群协调发展是出版企业社群营销渠道建设的现实要求。

一、自营社群建设要加强顶层设计和长远规划

（一）优化营销组织构架，加强人才队伍建设

出版企业需要对自身社群渠道的发展和定位做长远规划。出版企业要想自己的新媒体营销取得好的传播力和影响力，必须彻底转变新媒体只是出版企业附属物的旧观念，对原有传播渠道进行流程再造。短期内，出版企业应借鉴业内先进企业的成功经验，逐步设立专职人员负责包括自营社群渠道的建设和第三方社

群的合作两方面在内的社群营销工作。长远看，出版企业应将社群渠道建设和社群营销人才培养的重要性提升至战略高度。企业应加大人才培养力度，适时引入懂互联网、懂传播、懂社群经济的专业人才，建立高水平的运营团队。社群因连接而产生，因运营而存在。实现社群价值的关键在于运营质量的高低，这决定了社群的存在时间和发展程度。

（二）加强社群内容生产，推行团队化营销

社群营销不仅是渠道营销，更是内容营销。图书社群的成功都是从内容建设开始，公众号文章的一个基本要求就是需要具备持续输出打动人心的高质量原创内容的能力。出版企业的微信公众号应该摆脱运营内容靠转载的窘境，对自己的市场位置进行精准定位，评估好自身产品的优势，在其擅长的领域加强原创能力建设，提供原创性专业资讯与图书评介。例如，"年糕妈妈"的成功开始于她推送的每一篇文章都是原创精品，高品质的原创内容和与读者的良性互动赢得了读者的信任，才能将社群的资源引流到自己开的微店中。社群营销必须有明确的垂直定位。大多数出版企业出书板块较多，内容涉及好几个领域，出版调性并不统一。若出书的调性不统一，则即使勉强聚集成图书社群，也会因为没有其核心，而无法构建核心粉丝群，其构建的社群活跃度也会受到影响。对于此类情况，出版企业应该根据不同的出书板块规划各自对应的社群，这些社群再构成一个大的出版企业社群矩阵。这一策略的核心还是用户思维，本质是根据不同目标读者群来划分不同的产品企业社群。电子工业出版社出版的图书品种众多，但其运营的"宝贝书单"微信公众号只是专注于运营亲子阅读的平台；在这一垂直细分领域，提供适合各年龄段孩子的书单以及亲子教养、亲子学习的优质内容；不仅仅限于本社图书，而是立足于整个童书领域。在他们发布的书单上，也有不少其他出版社的优秀作品，辅以少量的图书广告。出版社在了解社群读者需求的基础上，可以为成员提供有价值、有深度的内容，不仅仅是和本企业或者单纯图书出版行业相关的内容，也可以拓展到整个文化产业或者细分到某个垂直领域。显然，单靠一两个社群营销人员无法持续为公众号提供内容丰富的高质量推文，应向企业全体人员征集公众号推文，编辑、宣传、营销人员等都应该积极参加。在企业建群的同时，企业员工也要各自建读者群，形成社群矩阵，建设各级私域流量。企业自媒体发布营销信息后，全体员工个人及时转发到各自朋友圈和社群自媒体，并鼓励读者朋友同时推广，让营销信息快速扩散。

（三）加强日常运营管理，实现有效的社群营销

设置入群门槛：自营社区要把握成员的品质和规模，社群成员绝不是越多越好。为了保障社群的质量，应设置入群门槛。这个门槛其实也是成员形成初步身份认同的通行证。要公布群内部分享与交流规则，设立共同的目标或任务，使弱关系升级为强关系，从而实现社群的自我运营和成长。自营社群运营是社群文化的主要缔造者，只要社群文化建设到位，社群就能不断吸引新人加入，让整个垂直社群保持良好的发展势头。然而，有的营销人员贪多求大，盲目拉人，新成员鱼龙混杂，使得社群的讨论不再集中，铁杆粉丝纷纷流失。为了避免出现这种情况，运营者应该有选择地发展新的社群成员，以下五种人是社群最合适的成员：一是核心成员。他们是该图书品牌或者作者的铁杆粉丝读者，对企业图书品牌或者作者抱有深厚的感情和高度认同，自发地为出版企业传播口碑，其活跃度在所有的社群成员中是最高的。他们会以分享好书作为目的，自发地通过各种社群电商平台来帮出版企业做宣传，自己也会持续购买该企业的品牌产品。二是一般读者成员。他们可能是买过书给过好评的读者，对该企业的品牌图

书有较高的认同，社群运营者应该主动邀请他们参与社群活动，再逐渐培养出较高的品牌忠诚度。三是企业内部员工。新媒体运营者也应该把包括编辑在内的本企业员工纳入社群当中。编辑们更熟悉自己的产品线，能更精准地回答社群用户关于图书内容的问题，更主动地宣传自己的图书，在社交媒体上努力扩大本企业的品牌影响力，成为社群营销的主力之一。四是图书行业意见领袖。各种社群里都有人扮演着意见领袖的角色，在图书行业中，书评家、自媒体专栏作家、读书会、阅读推荐机构及各销售渠道高层就扮演着意见领袖的角色，假如能有机会把他们纳入社群当中，他们的粉丝和用户中就会有相当一部分人成为潜在客户。五是喜欢分享图书资讯的网友。有些网友往往是各类热门话题最早的一批转发者和传播者，出版产品信息、优惠活动、重要文化活动等，都是这类人比较关注的信息，或许他们转发的不是你的产品的资讯，但假如把他们纳入社群当中，新媒体社群就相当于多了气氛组。必须强调的是：新媒体运营者是出版企业社群文化的创建者，但不能把自己当成社群的统治者，一定要学会跟粉丝们打成一片，以平等的身份与社群成员进行交流，只要社群文化建设到位，社群就能不断吸引新人加入，让整个垂直社群保持活跃度。

（四）丰富社群营销方式，加强社群文化建设

情感认同是维护社群存在和发展的重要基础。读者进入社群的最初驱动力来自浅层次的情感认同。这种情感认同是渐进性的，形成的关键在于互动，而认同的深化是一个漫长的过程。只有社群不断给读者带来价值，读者才会长期留下来，认同并传播社群文化。企业需要实时响应客户，进一步满足读者的个性化需求，提供更加精准化的客户服务。全方位提升读者的用户体验，还需要进化企业的服务形态，甚至可以根据用户特点或者社群需

求定制图书产品；更多的增值服务是企业社群给社群成员提供的特殊福利，双方不断进行良性互动，进而不断丰富社群文化生态。线下活动是提高社群用户黏性的重要途径。读者因为图书这个共同点在社群中聚集，每一次线下的社群活动将会推动这个共同点更进一步地深化。出版社可以充分利用依靠自己掌握的作家、内容资源，围绕读者需求的领域，多开展线下活动。高质量的线下活动是体验营销及良好的互动体验，可以增强客户的情感认同，并通过读者的口碑反馈到社群中，以增强出版企业的影响力，形成公众号运营线上线下良性循环。

二、与第三方社群营销要精准匹配产品和渠道

（一）精准营销，为产品匹配渠道

内容和渠道的匹配，是实现社群精准营销的前提，社群营销中只有最合适的渠道才是最好的渠道。渠道严格挑选产品，是因为只有与其调性相符的产品，垂直类社群才能成功推广和销售。出版社要根据自身图书的特点，找到和出版社或者图书调性一致的社群，选品成功率也就更高。要想让社群渠道选择自己的产品，社群渠道营销人员先要清楚自身产品的目标读者定位，再通过研究第三方社群公众号发布的内容，尝试为其粉丝画像，就不难找准匹配企业产品的社群渠道。这就要求社群渠道运营既懂产品又懂渠道，很显然这不是传统的发行也不是传统的营销编辑的角色，需要本岗位员工不断学习提高自己的能力。

（二）定制出版，为渠道设计产品

为现有产品寻找合适的社群渠道，并不总是能成功，为了和社群电商实现长期深度合作，充分利用社群电商单量的优势，出版企业可以提前开放选题资源，与社群渠道探讨定制出版合作。在产品设计阶段就让社群渠道深度介入，根据渠道调性设计与之

匹配的图书装帧设计风格，乃至书名的确定等多个方面，图书出版后由社群独家发行，这是当下出版企业与图书社群渠道合作最行之有效的办法。

（三）不断拓展新社群，完善渠道整体构建

随着自媒体社交电商的兴起，头部社群的销量被分流，转化率下降，但社群渠道总量还是十分可观的。这就要求社群渠道开发人员不断发掘中等规模的社群渠道，充分评估各类社群渠道的选品倾向，发掘更多与出版企业自身调性一致的社群媒体进行合作，为出版提供更多选择，创造更多的可能性，不断完善社群渠道的整体构架。

随着技术的迭代发展，会催生更多更新的媒介和传播形式，不断涌现新的营销技术和营销手段，社群营销会越来越丰富、越来越精准。将来或许还会有更多意想不到的新媒介形式需要我们去驾驭。只有保持学习的心态，不断尝试新事物，才能让出版企业在发展中立于不败之地。

第七章　出版企业短视频营销策略探析

中国互联网络信息中心（CNNIC）公布的第47次《中国互联网络发展状况统计报告》显示：截至2020年12月，我国网络视频用户规模达9.27亿，较2020年3月增长7633万，占网民整体的93.7%。其中短视频用户规模为8.73亿，较2020年3月增长1.00亿，占网民整体的88.3%。在优质内容的支撑下，视频网站开始尝试优化商业模式，并通过各种方式鼓励产出优质短视频内容，提升短视频内容占比，增加用户黏性。从2020年短视频用户规模增长超1亿，节目质量飞跃提升的总体情况看，出版业短视频图书营销的飞速发展正是中国互联网整体发展的一个写照，8.83亿的用户规模让出版企业不得不深入思考，现今的流量就在这里，当前正是短视频行业的红利期，短视频平台作为一种创新性的图书营销渠道，给图书出版企业带来的是机遇也是挑战，出版业如何抓住机遇，充分利用短视频渠道进行图书营销，是出版业的重要课题。

第一节　出版企业短视频营销的主要模式

图书短视频营销依据视频发起的账号主体，可划分为出版企业官方短视频账号营销、与视频达人合作营销获取流量变现、发动个人短视频号为主体进行营销等几种模式。

一、企业品牌入驻

品牌入驻指的是商业品牌拥有者在短视频平台上申请开设的官方账户，主动利用平台的巨大流量资源，对本企业产品和品牌开展短视频营销。出版企业在短视频平台申请开设官方账号，成为获得平台认证的出版企业官方号，其发布的图书营销宣传内容更具公信力，容易建立粉丝资源。出版企业在宣传营销图书的同时，还能够不断积累本企业的品牌传播力。以抖音平台为例，出版企业大都建立了官方抖音号，宣传图书和企业形象。其中，人民文学出版社是目前出版企业中粉丝数较多的，其官方抖音号就以"人民文学出版社"来命名，到2022年10月，发布短视频内容700多条，累积了68万粉丝。而对短视频平台方来说，出版企业既是商品生产商也是内容生产商，天然适合短视频平台的商业化，因此抖音和快手纷纷向出版企业示好，出台政策与扶持计划。2020年10月，快手宣布将投入百亿元曝光资源，全力扶持读书领域创作者成长，包括扶持1000+出版机构、书店账号，1000+读书类KOL，500+作家以及500+百万粉丝读书账号；2021年4月19日至25日，抖音发起"抖音全民好书计划"活动，根据抖音官方数据披露，活动期间，抖音平均每日图书订单数量达50万册，世界图书日当天销量更超75万册。

二、与KOL合作

在营销学上，KOL（Key Opinion Leader，头部意见领袖）一般指在某个垂直领域有较高的专业度，具备相当的影响，能够影响相关群体对品牌认知或购买转化率的人。在日常销售实战语境下，我们也称之为"大V"或者"达人"。KOL之所以能够在短视频营销中扮演重要的角色，一方面基于KOL拥有深厚的受众基础，对专门领域内的群成员具有相当程度的影响力，通过KOL进行短视频营销，可有效触达垂类的社群成员；另一方面，社群成员会因对短视频内容的认同，在社群内外，对KOL短视频进行二次传播，进一步扩大短视频的传播范围。在短视频平台上，拥有百万以上粉丝的短视频达人，其视频号是巨大的流量入口，拥有巨大的商业价值。短视频达人的粉丝，都是基于对达人垂直领域的共同兴趣和爱好聚集在一起的受众群体，也是潜在的消费群体。出版企业与短视频达人号开展合作，通过达人账号开展短视频营销，推荐本企业的图书。这是一种充分利用粉丝经济开展的营销方式。出版企业依靠达人和粉丝间稳固的情感纽带而带来的巨大流量转化能力，能更加便捷地与目标读者建立起互动关系，进而扩大销售渠道。抖音和快手这类短视频平台中，拥有众多的图书营销达人号。KOL营销策略主要有两种类型：第一类是金字塔型，主要通过由头部KOL首先发起传播，直接引爆成为网红产品。第二类是集体式刷屏型，选择通过大量中尾部视频号同时发布带货视频，多点开花，让普通销量的产品产生相对可观的销量。

三、利用个人短视频号营销

短视频平台是以个人制作分享作品为主的内容平台，由于短视频制作简单、易于传播，短视频个人号迅速增长，平台因而空前繁荣。个人纷纷开通短视频账号，通过短视频吸引消费者，促成消费行为，出版企业利用个人号短视频营销主要有两种类型：一种是企业组织的全员营销，通常是企业发动员工用个人号参与企业营销活动。比较典型的代表是海豚传媒公司在抖音平台进行的全员营销，海豚传媒公司鼓励全体员工参与其图书产品短视频的传播营销活动。另外一种是引导个人账号发布短视频，为企业进行营销，吸引粉丝买书。企业可以发起挑战话题等相关活动，营造氛围，积极引导个人参与其中，促使用户积极生成短视频广告。挑战话题是抖音平台上兴起的一种互动式视频创意活动，能有效地引导短视频用户围绕限定主题发布具有趣味性的原创视频，同时还能让用户参与视频评选。这种挑战赛式的图书宣传方式提升了粉丝读者的黏性，扩大了图书品牌的知名度，出版方实现了获取流量与扩大销量的双赢。

第二节　出版企业图书短视频营销的现状与问题

出版企业进军图书短视频领域后，虽然取得了一定的发展，但仍存在诸多问题。

首先，自营账号活跃度不高，人员配置有限。认识到短视频在图书营销中的巨大潜力后，出版企业纷纷在短视频平台开通自己的官方短视频账号，但出版企业短视频号与图书头部达人账号差距明显。例如，我们如果在抖音平台上以"出版社"为关键词进行用户搜索，从得到的检索结果中可以看出，有为数众多的出版企业开设了自己的短视频账号，但是账号活跃度普遍较低，作品发布数量较少，粉丝数量也十分有限，与平台上的图书带货达人的账号有明显差距。截至2022年10月底，抖音平台上主持人王芳账号粉丝量超1300万；而开设抖音账号的200余家国有出版企业，粉丝过10万的并不多，其中粉丝量最高的是人民日报出版社，拥有140多万粉丝。主持人王芳一个账号的粉丝量就远超各大出版企业号粉丝量的总和。另外，出版企业账号发布作品的频率普遍很低，获得点赞数也很少。多数出版企业发布短视频不超过100条，还有很多账号仅仅是开通时发布了若干条作品，就没再进行过更新。必须承认，相当一部分出版企业入驻短视频平台，只是在新业态背景下的被动跟风，账号临时开通，没有派专门人员来维护账号，也没有规划负责新媒体营销的新部门、新岗位，这反映了部分出版企业思维观念依旧传统，并未真正顺应新媒介新业态的新发展和新变革。缺少短视频制作人才，缺少短视频营销人才，这是出版企业面临的现实问题。

其次，账号缺乏品牌辨识度，用户定位不明确。出版企业做短视频账号，一开始就应该有明确的定位。首先要明确开通的目的是促进实际销售还是宣传出版社品牌。实际上，很多出版企业虽然开通了官方账号，但对账号运营不够重视，官方账号的定位不清晰，发布内容缺乏规划。大多数出版企业的产品覆盖多种专业、品类，因而发布短视频所涉及主题和领域过于驳杂，没有形成清晰的特色和定位，难以形成具有统一辨识度的品牌。根据短视频平台的玩法，恰恰是越垂直越容易获得流量，求大求全反而达不到好的效果。内容不够垂直，也就无法在短视频账号树立出版品牌。事实上，传统出版企业普遍缺乏品牌辨识度。消费者对于出版的品牌认知严重不足，很多消费者可能最多知道几个老牌或知名的出版社，对大多数出版企业品牌没有认知。品牌是企业的无形财产，代表着企业形象，一个良好的品牌形象可以赢得消费者的认同和信任，从而将无形财产转换为有形财产。

再次，内容缺乏吸引力，形式单一。对出版企业账号的短视频内容做总体分析，可分为图书推荐、文化活动、工作日常等几个方面。其中，图书推荐包括图文展示、主持人推荐、作者推荐、名人专家推荐等形式；文化活动记录了书展现场、专家研讨、作者签售等线下活动的片段及线上直播活动的回顾等；日常工作场景包括出版社日常工作及员工风貌等。大多数短视频呈现形式是以简单的文字、图片配以画外音解说，以作者或者名人对图书的简单介绍为主，缺乏互动性，对用户缺乏足够的吸引力。绝大多数短视频对能抓住读者兴趣点的关键信息挖掘得不够，内容缺乏创意，且并没有很好地与营销结合在一起，很难起到图书营销的作用。

最后，账号运营缺乏互动性，图书购买渠道不畅。在新媒体平台上，用户可以随时随地分享自己的所见所闻，并与其他用户互动，互动性是其重要的特征。短视频平台的社交互动包括对作品的点赞、评论、转发等三种形式。点赞、评论、提问、关注好友等社交功能迎合了人们希望自我被别人关注的满足心理。短视频的兴起就是因为其可以在一定程度上满足普通人想要在更大范围内自我展示和自我表达，并得到公众互动反馈的社交需求。当前，多数出版企业的短视频账号互动频率普遍较低，明显缺乏用户的积极参与，各账号的作品获赞量、评论量、转发量普遍不高。此外，多数出版企业的官方短视频账号没有开通商品橱窗功能，而少数开通了此功能的出版企业上架的图书种类也非常少。这让好不容易被短视频营销说服想买书的读者，却因缺少畅通的渠道而无法及时购买。仅从出版企业短视频账号商品橱窗中上架的图书种类和销售数量来看，多数出版企业并未将短视频平台作为其重要的营销渠道。

第三节　提升短视频营销的策略与建议

面对当前出版企业图书短视频营销的现状与问题，笔者提出了一些策略与建议。

第一，账号精准定位，优化内容创意。在短视频营销迅猛发展的新媒体时代，有一项基本原则并未改变，这就是内容为王。

对图书产品自身内容优势的精准分析以及视频的拍摄创意是短视频营销成功的关键。优质的内容始终是出版企业的核心竞争力，这一点相对容易满足。而优秀的创意则是短视频营销的精髓，一条富有文化创意的原创短视频作品，能有效激发受众关注、点赞、评论和转发的热情，从而实现其搭载的营销内容的广泛传播和品牌影响力的提升。出版企业在进行短视频营销创作时，应避免平铺直叙地推销产品，而要借助具有创意的短视频生动呈现图书内容，最好通过场景化和故事性来表达，激发读者互动，增加图书对用户的吸引力。

出版企业应针对每种图书的优势卖点做更精准的分析，寻找营销切入点，并结合企业自身固有的品牌形象，为每种图书量身定制个性化视频营销方案，以实现个性化内容的精准推送。一方面，认真设计短视频需要拍摄的内容，挖掘出图书卖点，作为宣传推广的切入点。比如，对于话题性强的图书，短视频营销需要从热门话题切入；对于作者知名度较高的图书，也可以直接邀请作者出镜拍摄短视频推书，最好结合线下签售活动。另一方面，精心策划短视频的呈现形式，标题、封面和背景音乐等都会影响视频的传播效果，还应根据不同的图书产品类型，选择适合其呈现的场景、道具、背景音乐等。

第二，培养短视频制作和营销的专业化团队。专业运营人才匮乏，专业团队未建立起来，出版企业的短视频营销尚不具备专业性。当下，出版企业做短视频直播普遍就是两三个人甚至一个人，短视频营销仍处于探索阶段。爆款短视频是靠结合数据分析、专业制作及精准投放做出来的，需要有专业人才支撑，平台上做得好的主播达人往往都有强大团队。出版企业应充分意识到，专业化的短视频制作人才及营销团队是短视频营销取得效果的基本前提。为确保获得良好的短视频营销效果，出版企业应着力培养有互联网思维、了解短视频平台技术特征的专业人员，并构建具有短视频运营能力的营销团队。

第三，加强与用户的互动，增加用户黏性。读者用户才是图书短视频营销永远的主角，出版企业短视频营销不应忽略读者影响力，应主动与读者互动。出版企业在短视频平台所拥有的粉丝，大多是出版企业已有的或者潜在的目标消费者，营销人员应与这些用户进行深层次互动，回应其诉求，增加用户黏性，让目标消费者对本企业品牌更加熟悉和信赖，最终转化为销量。

在作品评论区积极与读者互动。评论区是短视频运营人员与读者交流互动最直接的通道，短视频评论区的评论与回复，往往会起到比视频本身还要重要的作用。出版企业通过与粉丝的互动交流，可以第一时间回应他们的需求，提升他们对出版企业品牌的归属感和信任感；还可以根据用户的需求和反馈，及时调整此后选题设计和营销宣传的方向。成功有效的交流能让读者更有归属感和品牌认同感，要在评论区与读者进行积极互动，这是营销人员拉近与读者距离最好的机会。比如，图书视频播出后，当用户对视频中的图书产生兴趣后，很多潜在消费者可能到评论区里查看已经购买图书的消费者对这条短视频中图书的评价。这与消费者在传统电商购物时先看评论后再决定是否购买并无不同，而且评论量高的图书，也更容易吸引读者去关注和消费。因此，深入解读读者的心理期待和消费偏好，积极在评论区与读者互动，激发更多的正向评论，消解负向评论的影响，对读者疑问的专业性回答，往往能引导读者放心消费。惟其如此，方能保证短视频营销效果最大化。

鼓励用户参与短视频制作。读者也能出创意，出版企业可以"抛砖引玉"，吸引用户参与上传自己的短视频。我们经常能够在抖音、快手等短视频平台上看到一些很好的创意，火爆一时的

"秋天的第一杯奶茶"话题，就是源于一条抖音短视频。这个热门话题此后迅速扩展到了微博、公众号和社群平台，品牌方成功扩大了影响力。出版企业的短视频运营人员也可以围绕图书策划相关活动，如发起话题、创造适合模仿拍摄的视频、举办类似的短视频比赛，或者找到一些具有特色的视频内容，成功吸引读者关注进而广泛传播。对于用户拍摄的与话题相关的高质量短视频，营销人员可及时给予官方的点赞、评价和分享。这会鼓励用户更积极地创作更多高质量的短视频，也能促使一些用户转化为图书品牌的粉丝。

第四，打造跨平台新媒体矩阵，实现整合营销。对于大多数图书出版企业来说，在利用短视频进行图书营销方面还处于试水阶段，往往仅建立一个图书短视频账号，还没有建立短视频矩阵的意识，更不用说建立跨平台新媒体矩阵。在新媒体时代，出版企业应打造基于多平台内容分发和多渠道立体推广的新媒体短视频营销矩阵。在企业短视频号平台首发短视频后，企业还可以在本企业已有的公众号、微博、知乎和豆瓣等社交账号同步发布，实现短视频向多个平台进行数据分发。目前，国内多个短视频平台都可通过微信、微博和QQ的账号登录。短视频平台与社交平台直接关联，为信息在各新媒体平台之间高效传播提供了便利。跨平台分发图书短视频有利于在各社交平台的社群中引发读者用户的进一步转发，从而获取更多用户的关注，形成更大的传播效应；各平台的社群之间相互打通，通过社群为各个平台相互导流，使短视频传播的范围进一步扩大。出版企业在实施短视频内容多平台分发的同时，还要做好引流工作。当前，出版企业首先可以建立抖音平台的矩阵，通过几个小号为一个大号积攒流量；其次是以企业原来的微信、微博和今日头条等其他媒体平台为导流，进一步增加读者黏性；还可通过将购买需求引流到天猫、当当和京东等传统电商平台，实现流量变现。微信视频号也带来了新的流量红利。它侧重于将内容建立在社交属性上，以提升深层次的用户黏性——这也是出版企业值得探索的方向之一。

第五，加强外部合作，寻找适合的达人。达人视频营销也是出版企业自有新媒体矩阵的重要补充。在出版企业自营视频号和社群流量还未培育起来前，找达人带货是利用流量红利变现的最现实选择。但咬牙压缩了空间想让短视频达人推广的书，达人并不感兴趣，被认为不符合他们的调性。这时要转变思维方式，一方面，思考达人喜欢什么样的书，自己想推的书是否符合要找的达人的调性。例如，机械工业出版社介绍经验时谈到，他们的书专业性强，有很强的专业技术背景，阅读门槛高。如果直接交给达人，达人也会觉得难以把握，所以为了让带货达人快速了解书的内容和价值，机械工业出版社的营销人员想到为图书降维的办法，用手绘图解的方式，向达人介绍图书内容。另一方面，如何找到合适的视频达人，可以借鉴的方式是寻找市场竞品的数据支持，通过分析竞品的数据，寻找给竞品带货量多的达人合作，以为我所用。例如，《减糖生活》是垂直品类的大规模短视频带货图书。据《出版人》杂志监测，在抖音上，《减糖生活》的带货视频就有400多个，主要由健身、健康类达人账号发布。2021年引进版图书《减糖生活》在抖音上爆火，仅3月单月第三方平台监测的抖音销量就突破百万册。

第六，产品差异化，传统电商与新媒体电商协调发展。事实上，我们看到，那些原来具有品牌影响力或在传统电商渠道具有市场优势的出版企业，在向新媒体升级转型过程中，反而面临更大的困境：从主观上看，受限于已有的品牌形象，很多大公司不愿意放下身段，打破现有产品的价格体系以适应新媒体电商的发行折扣；而居高不下的版税和不具竞争优势的印制成本，也让传统出版企业很难从头开发符合新媒体调性和折扣的产品。这一问题的实质是当传统电商渠道原有的市场优势不再时，不同渠道之间对于折扣需求矛盾越发激化。因此，将传统电商与新媒体电商渠道差异化经营，开发不同产品，打造不同运营模式将成为一种趋势。

在新媒体兴起的背景下，人们获取知识和休闲阅读的方式越发多元化，接收商品信息渠道也在不断拓宽，出版企业必须及时拓展自身的营销渠道以适应变化，升级转型现有图书营销方式。当前，短视频平台的出现拓宽了出版企业的图书营销渠道，出版企业要充分利用好这个新业态渠道，建立短视频营销矩阵，实现优质内容的精准输出，从而提升图书产品的变现力度和读者的认可度。

第八章　图书出版企业网络直播现状与对策研究

第47次《中国互联网络发展状况统计报告》显示：自2013年起，我国网络零售连续八年全球第一，有力地推动了消费"双循环"。网络直播成为"线上引流+实体消费"的数字经济新模式，实现了蓬勃发展。直播电商成为广受用户喜爱的购物方式，66.2%的直播电商用户购买过直播商品。对于出版业而言，出版产业链上、中、下游的各环节均大有可为，而目前最为直观、与市场接轨的当数出版直播营销。《2020年淘宝直播数据新经济报告》的数据显示，在增速TOP10行业中，图书行业作为线上需要与线下商家结合的行业，直播引导成交增速在各行业中排名第三。2021年4月23日世界阅读日前夕，人民文学出版社出版的《康震古诗词81课》在某网红的直播间首发，7分钟火爆售出43000余册，货值250余万元。中国妇女出版社与王芳的合作直播，观看人数超118万人，总订单量达6.5万单，总成交额超300万元。2021年5月20日，广西师范大学出版社与抖音达人账号合作的品牌专场取得优异成绩，单场直播成交额达125万，观众人数超过10万。

第一节　当前图书出版企业直播营销的基本模式

图书出版企业直播营销的基本模式，根据不同的分类依据，可以分为不同的直播类型，具体如下：

首先，按直播内容不同分类，即依据直播内容或者说直播的目的，图书直播营销可以分为效果型直播和品牌型直播两大类。其中，效果型直播以直接销售图书为目的，由出版企业的主播或者图书类KOL等出场带货，主播风格也是以快速讲品为主，通常是以两三分钟一种书的速度，让观众快速了解一种书的功能和性价比，将现场销量放在第一位；而品牌型直播则是出版企业以培养读者与品牌的长期关系为目的，直播内容主要为作品深度分享、专家评介、知识讲座、品牌活动等。事实上，这些品牌型直播活动可以看成是出版企业以往线下文化活动向线上的延伸，有时这种直播活动并不直接销售。这类图书直播是以激发读者对品牌和文化活动兴趣为主的，希望通过打造企业品牌与读者建立牢固持久的关系，从而为今后的营销积累目标读者。无论是注重当下还是注重长远，这两种类型的直播对于提高图书的曝光率、推动大众阅读都是非常重要的。

其次，按直播主体不同分类，即根据直播主体的不同，直播活动可分为出版企业自营直播和第三方直播两种形式。出版企业直播是指在网络电商平台或新媒体平台上，出版企业官方账号的直播活动，其主播是出版企业新媒体营销人员。此外，出版企业也会邀请外部资源，比如作者或是专家学者为嘉宾做客出版企业直播间。另外一种形式则是利用外部资源的第三方直播，直播主体主要是平台达人、有流量的作者等。带货达人依靠自身积攒的流量形成强大的带货能力，出版企业在达人直播中处于配合或辅助地位，只负责产品的供应链。例如，安徽少年儿童出版社的"中国经典动画珍藏版"系列，在淘宝顶流网红的直播间，创造了2分钟4万套的交易纪录。有的作者自己也有流量，愿意作为直播主体传播自己的图书。还有两者结合的达人+作者模式，这种模式通常是作者通过连线做客 KOL 的直播间，在交流分享中营销图书，并借助作者和达人两者的名气叠加影响力，实现更多的销售。

最后，按直播所在平台不同分类，即根据直播的平台类型不同，图书直播可分为传统电商平台和新兴社交电商平台两类。前者指的是以当当、京东为代表的综合电商和以天猫商城为代表的平台电商，其直播模式是传统的"电商+直播"模式；而新兴社交电商平台就是指以抖音、快手为代表的"短视频+直播"模式。在传统的"电商+直播"模式下，主播主要依靠电商平台获取流量，不用制作短视频吸引粉丝就可以直接开播销售；而在新兴的"短视频+直播"模式下，主播前期必须创作优质的短视频，用来吸引粉丝关注自己的账号，后期再通过直播间进行带货，主播自身素质对图书商品的销量作用更大。经过不断的融合、发展，目前逐渐形成了"社交+内容+电商"的新趋势，与原有的垂直"电商+直播"的商业模式有明显差别。

第二节　图书直播营销存在的问题与面临的挑战

当前，在图书出版营销领域，图书直播营销开展得如火如荼，取得了可喜的成绩，但仍存在一系列问题和挑战，具体如下：

第一，图书直播人才缺乏。2020 年突发的新冠肺炎疫情，让很多出版企业在没有充分思想准备和人才储备的前提下，匆忙进入直播赛道。企业账号安排的临时主播一般都是编辑，也有邀请作者本人担任主播的。由编辑或作者担任主播，这对缺乏直播经验的他们来说，的确是不小的挑战。图书主播水平参差不齐，导致出版企业自营图书直播质量得不到保障。编辑和作者虽对图书有足够的了解，却缺乏对直播逻辑的认识。直播间带货有其固定的逻辑和必备的技巧。主播要有良好的口才和镜头感，还要能与读者保持良好的互动，随时解决客服问题。出版企业从内部挖掘能直播的人才，亟须加强组织培训。目前优秀直播电商人才在各行业均有需求，然而，出版业的网络直播对直播营销专业人员的素质要求更高，不仅需要基本的网络直播技能，还需要具备更高的人文素养，这就造成了一般行业主播门槛较低，而图书行业直播人才紧缺的局面。懂书的不懂直播，懂直播的不懂书的局面亟待解决，缺乏优秀的电商直播人员越来越成为出版企业自营直播发展的一个障碍。为适应新媒体渠道的发展趋势，出版企业需要引进电商直播人员，并持续培养。

第二，图书直播形式较单一。很多出版企业过于乐观，想当然地认为将图书拿去直播就能卖、写成文案就能推广，吸引到客户购买。然而，图书直播主题方面存在的主要问题是内容缺乏系统性，没有形成自己固定的调性，而且直播各环节的细节处理也较为简单，这样显然无法取得良好的效果。相对于网红主播团队的专业化运营，出版企业的直播营销专业化程度较低。从目前来看，出版企业直播主要形式是以编辑和作者在直播间坐而讲书为主，形式上少有突破。很多时候，虽然直播间小黄车里挂着购买链接，而我们看到的直播实际上成了一场文化讲座。特别是如果请知名作者来直播，很容易把直播售书变成线上讲座。这样的直播形式，嘉宾如果是名家，人气可能还不错，但是转化率仍然极低。如果不是知名作者或者编辑，那么肯定会是尴尬得无人喝彩。除非是将直播定位为不以销售为目的的文化活动，否则还是让专业的带货主播来直播效果更好。还有一个问题是，带货式的直播又面临过度依赖打折优惠和秒杀赠书环节，没有充分传达图书的文化价值，直播如果忽视内容建设，就有可能陷入内容同质化、受众流失的困境，其本质是换个场景的传统电商促销图书而已；另外，细节不到位，比如直播间互动活动设计不够好、直播间先期导流不够等，都影响了人气的有效聚集。

第三，选择直播平台较盲目。在市场资本和技术驱动的影响下，直播平台蓬勃发展，各类社交软件、电商App和短视频平台纷纷抢滩直播市场，直播业务已经成为各平台激烈角逐的红海，这就导致出版企业在选取直播平台的时候面临艰难选择。精心准备的直播内容理论上可在多个直播平台同时上线，但现实情况是不同类型平台之间相互封闭和竞争，且运营模式存在很大的差别。淘宝直播以全平台低折扣吸引用户下单，而抖音等短视频平台更注重内容的趣味性，强调粉丝积累和品牌打造。出版企业如果对于直播平台的受众画像并不熟悉，虽然多平台直播能够覆盖更多用户，但出版企业无法抓住不同类型平台用户的不同需求，在多平台进行图书直播的内容几乎完全一致，反而分散了流量。另外，不同平台同时上线，很容易造成带货链接与活动营销冲突的情况，严重时甚至导致直播间被封号。因此，出版企业应根据自身情况，精准确定每次活动的直播平台，做好用户互动，要把直播当作提升影响力、拓宽销售渠道的途径，更要深入挖掘直播平台的数据价值和用户价值。

第四，图书直播内容和选品同质化。图书直播门槛较低，随着进入图书领域带货的达人数量不断增加，出版行业逐渐出现了同质化低价竞争的局面。某些出版企业为了追求销量而一味压缩成本以低价出售，以求充分利用网红带来的粉丝效应，追求商业价值最大化。特别是在童书领域，各种热门跟风书盛行，售价极低，劣币驱逐良币效应初现。直播营销的最终目的是满足消费者的需求从而促成销售，如果企业过于注重营销和销售的形式，忽略消费者的真实需求，很容易造成引流大，但是成交少、转化率低的局面。让消费者面对大量内容同质化的直播和商品，极容易产生审美疲劳，导致转化率低。一些图书类主播为了吸引眼球，过度宣传，通过标榜超低折扣进行同质化的竞争，让优质产品因价格劣势而难以得到发挥，导致劣币驱逐良币的现象产生，最终出版企业并没有获得可观的实际收益，使直播沦为一场作秀。

第五，网络直播泛娱乐化的倾向，导致经典严肃内容缺失。网络直播为满足各类人群获取知识和信息提供了重要技术手段，并在一定程度上满足了人们的精神需要，但当前网络直播整体存在泛娱乐化的现象也是不争的事实。直播本身带有表演的性质，网民观看直播可能只是抱着围观看热闹的心态。如果图书直播中也出现过度的娱乐化，就极有可能对图书本身的文化内蕴造成消解，导致用户忽视图书内容，只关注直播内容。图书是一种特殊的文化商品，传统出版以知识服务和内容传播为使命，肩负着一定的社会使命，兼具商品和文化两种属性。要避免图书宣传直播的过度娱乐化倾向，防止出版业蕴含的深度的文化价值被消解。出版企业运用网络直播这种新销售形式，必须确定本企业的直播调性，挑选风格匹配的主播，形成与自身产品定位相适应的直播风格，不断壮大自营直播的读者社群。

第六，出版企业直播应关注可能存在的法律风险。

其一，合法证照缺失的风险。根据我国《出版物市场管理规定》和《中华人民共和国电子商务法》的有关规定，出版物经营者在经营场所或互联网页显著位置须公开合法经营的证照信息，但由于直播行业出现时间尚短，关于直播间是否需要张贴相关证照，并未给予明确说明和规定。直播间带货链接的网络店铺，是需要张贴合法经营证照电子版的。一些社交平台或后期介入直播经营的短视频平台，在此方面还有所疏忽，出版单位在与其合作的时候应给予特别说明。

其二，网络广告滥用的风险。为直播活动设计制作的相关短视频、海报图片等材料在直播平台上广泛发布传播，从法律界定看，这些宣传材料当属广告法下的商业广告。我国《互联网广告管理暂行办法》规定，互联网广告应当具有可识别性，在显著位置标明广告字样，使消费者能够清楚其是广告，但目前直播售书策划中很少考虑此问题。

其三，虚假宣传风险。作为直播带货的图书相关信息，有关图书的销量、所获奖项以及读者评价等信息均应当是真实、客观、可溯源的，作者及推荐人的表述内容应与实际情况一致。但现实情况往往处于不可控状态，主播为了推销图书，夸大事实的言论时有爆出，造成读者对主播的信任程度降低。

其四，侵权风险。直播间使用的背景音乐、宣传文案中的图片及音视频等应关注版权问题，避免版权、肖像权、姓名权等侵权问题发生。比如，在进行有关小说、报告文学和传记类图书直播营销时，要注意引荐人的客观立场，避免主观性过强，带有夸大性和片面性的评论和解读，否则可能对作者或传记真实人物等造成负面影响，进而导致名誉侵权纠纷的发生。

第三节　网络直播环境下出版企业发展新要求

出版业的总体发展，靠的是出版人才的升级和迭代，出版业必须组建高素质的出版人才队伍。在图书网络直播的大环境下，出版业人才队伍需要迅速升级迭代。因为图书网络直播是一种专业性较强的工作，出版业对图书网络直播人员的水平要求较高，除了需要具备专业的网络直播技术之外，还要具备较高的人文素养。直播人员要以通俗易懂的方式向读者传达图书的独特价值，说服其购买，而不是面面俱到的长篇大论。这就需要出版企业进一步探索和研究，如何加强对出版人才的网络直播营销培训。尽管目前有很多在线直播培训课程，但实际内容有效者不多。大多数主播培训难以达到目的，远远适应不了图书直播行业的发展需要。图书网络直播作为一项颇具专业性的系统工作，需经过系统的严格培训方能达到高质量水准。因此，亟须更多国家正规的网络直播培训机构。

出版企业开展直播营销，更需要培育产品在垂直领域内的优势，新业态营销对于图书的需求更多元化、细分化、专业化和品牌化。其中，专业化是决定出版业未来发展方向的前提，是出版品牌化的基础；而品牌化最能体现出版企业的核心竞争力。近年来，随着市场压力的增大，国内许多出版社对热点过分追逐，专业分工逐渐模糊，导致品牌影响力下降。出版机构自营直播为品牌创造了新的用户触达方式，通过网络直播，出版企业可以建立新的用户关系，通过直播全面地展现自己的专业特色，传递品牌理念。读者认同出版品牌，首先是认同该出版企业的价值理念，从而推动同一品牌旗下不同产品的销售。

同时，图书网络直播创造了新的消费场景。直播为图书网络销售创造了全新的消费场景，打破了地域的限制。直播场景不一定非要在社内直播间，也可以是在出版企业的仓库、印刷厂的生产现场、实体书店、大型书展现场或是作者的家中沙龙。不同的消费场景会给读者带来不同的消费体验，真实场景有时候反而更能激起读者的热情。比如，库房现场卖货就成为出版企业直播带货的一个新热点。2021年上半年，浙江少年儿童出版社和四川少年儿童出版社效果最好的直播背景环境都是库房。据浙江少年儿童出版社介绍，8月10日走进仓库直播，观看人次突破1万，销售实洋突破10万；四川少年儿童出版社6月24日的库房专场直播，平均在线人数为3615人，累计观看人数达56.56万，累计成交额达

501万元。此外，出版企业作为文化创意产业的重要组成部分，除了为读者提供纸质图书，也在为读者提供各类周边创意产品、数字出版产品及读者定制服务等。直播为我国出版企业的发展创造了新的营销场景和销售渠道，为企业跨界、探索多元化盈利模式和文化服务模式提供了良好契机。

第四节　直播营销的未来趋势

伴随着社交电商的出现与发展，私域流量已经成为众多商家直播营销必须争取的核心资源。对于出版企业而言，若能构建起自营的私域流量，将极大助力精准营销。拥有私域流量就意味着直接找到了目标读者群，能够对读者的阅读兴趣点和关注点进行更准确的分析，实现精准营销就有了数据基础，降低图书的营销成本，提高直播转化率就有了现实可能。维护和培育私域流量可以促使出版企业的社群资源不断扩大。直播是培育粉丝，壮大自营私域流量的重要途径，是出版新业态下提升出版企业经济效益的重要渠道，为其今后的销售转化打下了庞大的潜在购买基础。

直播带来的私域流量和社群用户，为出版企业拥抱大数据创造了一个新的机遇。特别是出版企业在自营直播过程中积累了大量的消费者数据，能沉淀更深度的用户信息。通过对大数据的科学分析，出版企业能够从用户的消费习惯、行为特征和兴趣倾向等多方面，对潜在消费者进行深入研究和准确判断，用户画像变得更加清晰。这些数据得到科学分析和处理，运用到出版决策中，就可以在选题策划、装帧设计、造货码洋、营销宣传和渠道建设等环节进行更科学的判断，进而助力精准出版。当然，这也要求出版从业者提高数据分析和加工能力。

出版企业自营直播平台建设将进一步加强。打造具有自身特色的自营直播账号是当前出版企业在新业态下转型升级的重要方向。出版机构纷纷加快自营直播电商的建设，增加运营方面的投入，对私域流量的争夺将越来越激烈。出版企业在经销商的第三方平台进行直播，获取经销商带来的流量，但对于出版企业而言，这种公域流量缺乏黏性，所以真实转化率十分有限；而在网红直播间抢占一席之地，虽获得的流量高，但要付出高额佣金，极有可能没有利润。相比之下，出版企业构建自营直播平台，没有中间环节赚差价，直接与读者对接，从而实现终端零售的让利，保证了更高的利润空间；销售款也直接回到账上，减低经营风险。从长远看，自营直播渠道建设是出版企业适应新业态发展的必由之路。

无论未来出版新业态如何发展，线上线下融合是大势所趋，而新媒体电商的发展将进一步促进这种融合。因为无论是传统实体店，还是自营电商、平台电商、新媒体电商，其本质都是销售，价格仍然是决定性因素。在读者对品牌或者是产品一无所知的前提下，凭借直播吸引读者购买，是创造新增量的有效手段；但不能忽视，很多时候用户对品牌图书商品已经产生了购买兴趣，只是在寻求更值得信任且更便宜的渠道购买；并且通过直播带货，出版企业获得的利润还需要给平台及KOL进行分账，有时前期还需付出一定的推广费用，利润不见得更高。由此可见，直播是很好的吸引用户的方式，但是它未来的定位应更多在于价值输出，它将经历从直接带货到基于价值和用户有效互动的目的性转移。线上线下全渠道立体营销、同款同价是最终的发展趋势。当然，随着图书零售市场的变化，当线上增速开始放缓时，线下线上渠道开始融合。线上线下不再是单一和分离，而是有效结合统一，甚至融为一体，新的图书零售将会从中产生。

第九章 出版企业数字阅读产品的市场营销

第一节 传统出版数字化面临的机遇与挑战

数字阅读是指用户通过 PC、笔记本电脑、手机、平板电脑、阅读器、PDA、MP3、MP4、数字电视等终端设备，通过网络对电子书、数字报纸、网络小说、电子杂志、数字地图、网络新闻及音视频等数字内容进行阅读的方式。《2020年度中国数字阅读报告》显示：2020年中国数字阅读产业规模达351.6亿元，增长率达21.8%；数字阅读用户规模达4.94亿，比2019年增长5.56%，人均电子书阅读量为9.1本，人均有声书阅读量为6.3本。而反观纸质出版物，人均纸质书阅读量为6.2本，同比去年减少2.6本。读者将更多地使用手机、平板电脑等移动智能终端进行数字阅读，数字阅读正在逐渐成为读者获取知识、信息的主要方式。信息的传播和获取不再局限于传统的纸质阅读，社交平台和自媒体让网络信息分享变得更加方便快捷，数字阅读已经成为出版行业未来的发展方向。出版企业数字产品的营销是数字出版物从出版者到达读者或用户的重要环节。如何推动数字产品全渠道触达读者，创新发展数字出版物的市场营销成为传统出版企业要研究的重大课题。

传统出版企业在数字出版发行市场上面临巨大挑战。传统出版企业仍是出版业的中坚力量，它们是优质内容的生产基地，但与以移动出版和版权运营等为主营业务模式的互联网出版企业相比，传统出版企业的数字化产品市场占比偏低。《2020—2021中国数字出版产业年度报告》显示，2020年数字出版产业整体收入规模超过万亿元，达到11781.67亿元，比上年增加19.23%。其中，互联网期刊、电子图书、数字报纸等传统书、报刊数字化总收入为94.03亿元，同比年增幅为5.56%。当数字出版产业在我国高速增长成为万亿元产业时，传统出版企业的数字产品销售占比却不到数字出版产业的1%，增幅也低于数字出版产业年总增幅。从整个行业赛道上看，大量资金雄厚的互联网企业、电信运营商、新媒体公司等新兴媒体平台因其天生的互联网基因，借助成熟的平台技术优势，打破了过去以出版社为主导和发起者的出版产业链模式。

现今，阅文集团已经成为国内最大的网络文学内容出版商，咪咕传媒等数字阅读平台已经开始或成功从内容传播平台转型为内容生产策划平台，主动与版权方建立密切合作或开发自持版权，发展壮大自身的内容资源库，为出版业的发展带来新活力。面对越来越强烈的市场竞争压力，传统出版企业必须意识到融合发展的紧迫性，加速数字化转型，在组织架构、管理体制、运营模式和人才培养机制等方面加快创新；必须突破围绕纸质书无法突破的怪圈，认识到在融合发展时代，产品形态和市场界限都已经被打破了。各类版权开发形式不应只停留在合同里，而要充分加以开发。与互联网行业的同类企业相比，出版业中的数字出版影响力仍然较小，一些融合的商业模式、发展路径和实践方法还处于较为初期的阶段。

第二节　数字出版物的发行模式

随着5G和人工智能技术的发展，数字化出版物的产业运营模式和市场消费环境进一步成熟，成为下一个带来增长点的运营风口。传统出版企业逐渐建立起自己的数字阅读运营体系，入驻公共平台销售电子书和有声书成为出版企业数字出版物发行的普遍选择。随着数字出版发行量持续提升及版权保护意识的不断强化，许多出版企业开始尝试自建知识服务平台，进入出版领域融合发展的深入与扩展阶段，成为实现出版企业数字化转型升级的重要路径。

一、出版企业电子书的发行模式与问题

（一）电子书的发行对平台渠道过于依赖

电子书是最基础的数字出版物。对于大多数出版企业而言，数字化转型的第一步就是把存量的纸质图书转化成电子书，再将电子书授权给技术商、渠道商或硬件厂商在第三方平台、App或者智能终端进行网络销售，从而获得销售分成或版权费用。这是出版企业数字产品发行的基础模式。传统出版企业没有成形自主的销售平台，必然要依赖于渠道商提供的解决方案。电子发行依赖网络平台，这是电子书发行和传统出版发行的一个重要差异。在这种模式下，传统出版企业在电子书产业链中既不能主导价值实现，也接触不到终端用户，只扮演内容提供商的角色，因而出版企业电子书版权收益相比其纸质书要低许多。即便如此，在纸质图书出版基础上转码不需投入更多成本，所以电子书依旧是数字出版物最容易实现的模式。

（二）先纸后电的发行策略亟待改变

纸电同步作为数字出版基本的发行策略已广为人知，但很多出版企业通常还是采取先纸后电的发行策略，即纸质版图书先投入市场发行一段时间后，再向电子书平台授权图书电子版。这种情况产生的部分原因是，出版企业认为纸质书发行才是图书市场的重点，电子书的收益远低于纸质图书，若纸电同步发售，纸质书的销售量会受电子书的影响。更为重要的原因是，出版企业的大部分选题从一开始并未考虑电子书同步出版的设计需求，其选题论证的市场评估依据是纸书市场，甚至在出版企业与作者签约时，并没有签下数字版权，这是所有电子书出版流程问题的根源。基于这些原因，纸电同步变为空谈。

二、音频听书渠道的现状及面临的问题

（一）音频听书渠道的发展现状

音频听书的发展速度和市场预期都高于电子书。艾媒咨询数据显示，2020年中国在线音频用户规模为5.7亿人，预计未来将继续保持稳定增长。当前的有声书产品的产业链分为：

1. 内容供应商，即上游掌握内容资源的版权方，包括传统出版企业，以阅文集团、中文在线等为代表的网络文学企业以及掌阅为代表的数字阅读平台，有声书的内容依赖于已出版的实体书籍或网络文学，数字阅读平台需要购买版权许可以获得播放权。

2. 内容生产方，包括专业的音像录制机构和个人主播，也包括作为版权方的部分大型出版企业和网络文学企业，还包含了作为传播渠道方的垂直听书平台和综合音频平台等。内容生产方呈现多元趋势，内容既可以由专业的媒介组织，又可以由业余爱好者、专业用户生产。其中，内容生产方通过获得内容提供商的授权合作开发，对声音内容进行生产加工后，可能交付内容提供商，也可能会向渠道方发行。

3. 传播渠道方，包括各类在线音频平台及线下发行渠道。线上平台接受文字内容及各类原版音频内容进行加工。平台包括综合性音频平台（如荔枝、喜马拉雅、蜻蜓FM等）、垂直音频平台（如懒人听书、金庸听书），二者也是有声听书渠道的主要用户；另外，平台衍生音频内容（如酷狗、网易云、斗鱼），电商分销渠道如京东读书、当当云阅读，也纷纷进入有声书的赛道。线下传播渠道主要包括数字图书馆、音像出版机构及书店等。

（二）出版企业音频听书运营的两种模式

1. 文字合作运营模式。出版企业扮演的最基本角色是内容供应商的角色，将有声书版权卖给渠道平台方，不再介入产品的制作和销售环节，由平台方判断产品的调性，进行有针对性的打造。无论是主播的选取还是整个产品的运营，都由平台方来操控，比如喜马拉雅的有声出版平台。这一模式的优点是出版企业成本极低，风险几乎为零；缺点在于主动权被渠道平台方掌控，会尽可能压低授权费用，影响出版企业运营有声版权的积极性。

2. 成品合作模式。随着有声书市场的迅猛发展，各大中型出版企业相继布局有声市场，或成立有声部，或招募有声录制团队，成为内容制作方之一。出版企业建制技术团队自主录制有声产品或委托内容生产方进行制作，再将制作完成的听书产品授权渠道平台方运营。其优点在于内容提供商对内容的把控更加精准，产品的完成度更高，提高了对有声平台的议价能力。比如新经典出版公司，对《百年孤独》《平凡的世界》这种重点有声书项目，他们均自行邀名家录制，产品质量很高。但这一模式的缺点在于出版企业负担了制作的所有成本，若后续的市场表现不佳，容易产生亏损。其实两种模式也可以结合使用，比如博集天卷自己开发头部产品的有声书，在喜马拉雅FM平台上线销售，而对一般的非虚构类产品，以授权形式在喜马拉雅的A+平台招募主播，录播有声书。博集天卷与主播采取分成方式，前期录制免费，后期主播可参与收入分成。这种模式不仅使博集天卷前期投入成本降低，同时，由于博集天卷的图书一般都有较大的销量，这种模式对主播很有吸引力，也激发了主播的积极性，调动各自的粉丝群付费收听，增加听书的售卖数量。

（三）出版企业有声书运营的障碍

一是投入产出比失衡。相比于电子书，有声书的制作成本高出许多，属于"烧钱"行为。特别是对于刚刚进入有声书市场的出版企业来说，由于经验积累不足，又没有相关的数字加工人才，对后续的市场反应难以作出精准判断，往往投入了大量人工和时间，效果却不一定好，极易导致投入与产出失衡。

二是发行严重依赖平台方。有声书与电子书一样，极度依赖网络渠道平台进行分发。出版社因先天不具备互联网基因，所以在对发行渠道的依赖这点上，有声书的渠道与电子书相似。对于绝大多数出版社来说，流量是难以逾越的障碍，没有自主平台或者有自主平台但流量偏小，业务必须与渠道平台合作，才能在更多读者用户面前亮相。与纸质发行渠道四通八达相比，电子书、有声书等数字阅读渠道选择性不大。传统出版企业的平台技术发展尚未成熟，对数字化技术环节把控力弱，往往需要与网络运营商、数字技术供应商合作开发产品，无法在数字阅读市场上取得主导地位，转型发展受到制约。

三、知识服务自营平台模式

知识服务以知识内容为基础，出版企业以自身的优质内容为基础，搭建数字化资源库，充分挖掘内容资源的潜力，综合运用文字、图片、声音、视频等数字化载体，在出版的内容、渠道、功能层面进行全方位、立体化的整合，为用户提出的问题提供知识内容或解决方案。读者可根据所需知识或内容的关键词进行检索，进而有选择性地阅读资源库中的知识。

自建平台可以为自家纸质图书建立数字化资源库、拓展自营数字发行渠道，并为自家数字产品版权提供可靠保障，这是传统出版企业从优质内容资源提供商走向知识服务提供商的必由之路。比如，湛庐文化的"湛庐阅读"、中信出版集团的"中信书院"、广西师范大学理想国的"看理想"都是成功案例。他们不仅仅在平台上销售电子书和有声书，也有课程和讲书的栏目。教育出版社以其具有优势的教育内容资源搭建在线教育平台，以及专业出版社利用其在专业领域内无可比拟的优势打造专业知识服务平台，这都可以称为广义上的知识服务，都是出版企业自营平台发展趋势的体现。人民卫生出版社建设知识库，打造人卫智网，同时依托丰富的教材资源，打造在线教育平台，成为我国医学领域中知识服务的引领者。

传统出版企业在数字化转型过程中自建平台普遍遇到不小的困难，成本高、内容资源有限，流量低、见效慢，短期内看，反而不如第三方平台分发成本低。但是，自建平台的优势在于更加灵活自主，而且与入驻公共平台并不矛盾。比如，人民文学出版社官方知识店铺"人文读书声"在自有店铺的基础上，也作为主播账号入驻喜马拉雅和懒人听书等平台。因此，出版企业既要大力建设自有平台，也要充分利用主流平台渠道；将二者结合进行转型实践，是当前出版企业数字产品发行的合理方式。

第三节　数字化发行的建设措施

随着出版新业态越来越向智能化的方向发展，不仅传统出版企业的编校、制版、装帧、印刷等商品研发环节需要调整人才结构和组织模式，寻求数字技术的加持，而且在营销发行领域也要利用新技术分发产品，建立一支既了解出版专业知识，又掌握新兴技术的复合型营销人才队伍，是数字化发行建设的关键。

一、加快传统出版流程再造

数字出版利用数字技术对内容进行编辑加工，并通过网络发行数字内容产品。相比于传统编印发的线性流程模式，数字出版呈现出内容生产数字化、过程管理数字化、产品形态数字化和发行渠道数字化的特征。在选题立项方面，数字出版要求产品内容要适应全媒体发布的需要；在编辑审稿方面，数字出版比传统出版的编审过程简便很多；在排版印刷方面，数字出版只需要制版而无须印刷；在发行营销方面，数字出版物无需储运的物理过程，可直达互联网销售。事实上，数字出版已渗透到传统出版各个核心环节，传统出版和发行已离不开数字技术。

当前融合发展的出版生态环境还远未形成。在数字化融合发展过程中，大部分出版企业对数字出版的运营和管理仍显薄弱，数字出版部门与传统出版部门条块分割依然存在，对数字出版人员的绩效考核与激励机制还不完善，出版企业融合发展追求的现实目标依旧是如何找到适合自身的商业模式和盈利模式。在融合发展的新业态下，数字出版发行与传统发行之间需要建立更加紧密的沟通渠道和联动机制，将出版企业的数字出版环节与发行运营环节融为一体，建立起线上线下联动的一体化全渠道营销。

要让数字出版真正融入传统出版的各环节中，就必须赋予数字出版与传统出版一样的主业地位，摒弃传统出版思维模式，大胆改造原有出版流程中不适应数字出版需要的环节。要对传统的选题策划、产品设计、市场发行等环节的流程进行改造；对出版企业现有的部门设置、管理机制、绩效考核、收入分配机制进行改造；实现出版内容、技术平台、人才队伍的融合发展，建立起一体化的组织结构、传播体系和管理机制。流程再造与融合发展是一项长期系统工程，不能一蹴而就。当前，融合发展的出版生态环境还远未形成，出版企业在出版全流程再造方面还有很长的路要走。

二、加强数字化内容资源库和自营数字化平台的建设

实施出版流程再造，将编、印、发的各环节流程数字化，最重要的是加强数字化内容资源库的建设。对于已出版而未进行数字化加工的内容资源，应将内容资源重新进行数字化加工，形成标准化的内容资源数据库，为实现内容资源的全方位立体开发积累资源；对于全新选题则要从一开始的选题设计阶段就按照全媒体发行的需要，根据数字化生产的逻辑规划内容标准，直接生产出符合数字化出版格式需要的内容，纸电声同步，实现动态发布模式。为了适应数字化知识服务平台的要求，还要进一步加工已完成数字化加工的内容资源，根据市场用户的个性化需要，按知识体系拆分和组织知识元，将数字化内容与数字化平台建设结合起来，构建自营数字化发行平台。

传统出版活动的逻辑是编辑—印制—发行，图书发行环节是出版活动的终点，出版社很难真正获得读者对图书的直接反馈，至多是从各销售渠道取得二手信息。但在融合出版逻辑下，发行

部门将数字产品发布到自营数字化发行平台上时，运营工作方才刚开始。数字出版物运营人员应充分利用自营平台，收集整理并深入分析用户使用产品的时间、地点和感受、评价等一系列大数据，对读者用户精准画像，并将数据反馈给数字出版编辑人员，从而不断调整优化内容资源，出版更符合用户需求的内容。如此周而复始，形成融合出版的生态闭环。

三、数字化产品发行人才的培养

数字出版人才队伍建设已成为制约我国数字出版产业持续健康发展的关键因素。在全媒体时代，内容生产固然是根本，但销售运营能力同样不容忽视。伴随全媒体时代的到来，数字出版的传播形态和销售渠道将更趋多元化，出版企业需要懂营销的数字出版人才，才能更好地对数字出版物进行全媒体营销。

数字化产品发行人才的不足已成为当前传统出版企业融合发展的痛点。一方面，出版企业的数字出版工作人员大多没有专业知识背景，数字内容策划和开发能力不强，又不懂营销相关的知识，设计出来的数字产品无法和用户需求相匹配；另一方面，传统发行人员对前沿技术和模式创新的研究不深，懂数字出版的营销人才十分缺乏，较难适应当前数字出版产业链升级换代的发展趋势。传统出版企业中传统纸书发行业务和新兴数字产品销售之间的壁垒尚未完全破除，难以为数字化融合发展提供有效的支撑。

融合出版需要掌握多媒体资源制作技术和具有管理能力的策划编辑，需要既懂出版又了解信息技术的产品经理，更需要具有互联网营销和运营能力的运营经理。这就对传统出版企业的营销人才的培养提出更高的要求：既要了解数字产品内容，为不同载体挑选适合的内容，对设计的产品成型以后将是什么形态、能为出版企业与平台客户及终端用户带来什么样的价值了然于胸，能高质量完成数字出版内容的运营；又应该具备数字技术背景，懂得如何把技术精确地用到工作中，对不同的内容载体的属性十分敏感，为编辑在执行选题时提出新媒体思路；还要能洞察互联网新业态下读者需求，加强对产业形态、服务方式、产品呈现形式的优化，不断地为出版企业挖掘、发现具有发展潜力的新渠道和新增量，实现内容资源和用户的有效对接，提高出版企业为读者精准服务的效能，使得数字产品与人们对美好生活的向往相适应。

目前，传统出版企业存在对数字出版业务评价标准缺失、考核激励措施不到位的问题，数字出版行业存在从业人员职称晋升渠道不畅、评聘体系和程序不明确的问题。因此，亟须建立和健全数字出版人才的培训、调训、职称等规章制度和政策。2020年3月，在人力资源和社会保障部、国家市场监督管理总局、国家统计局公布的16个新职业中，出现了全媒体运营师这一与数字渠道运营息息相关的新职业。与数字出版相关岗位获得职业认可是未来数字出版产业人才体系建设工作的基础且关键性环节，对传统出版与新兴出版人才队伍的融合方面将起到重要作用。如果数字出版从业人员的职称晋升渠道变得更加畅通、行业人才发展空间变大，全媒型发展的运营人才将是出版企业未来的核心竞争力之一。

第十章 新业态对市场营销人员的新要求

第一节 面临的问题与挑战

加速迭代的出版新业态要求发行人员不断提高创新能力以适应变化；销售渠道不断地发展与改变，对出版企业发行人员的工作能力不断提出新的要求。在第一阶段，即实体店时代，出版企业发行部都按省市区划分片区，业务员分别在自己的"自留地"上完成各自销售任务，"发行部""业务员"这些称呼都是源自当时的产物。虽然当时有国营主渠道和民营二渠道的区别，但二者做的主要工作都是发货和回款。这一阶段，图书相对稀缺，只要把书发给渠道，渠道就会销售，因此具备一定营销技巧、人际交往能力强的人就可以从事发行工作。第二阶段，来到电商时代，亚马逊、当当、京东及后来的天猫平台电商把图书销往全国各地，实际上已经打破了传统按片区发行销售的格局。这一阶段，发行人员的工作就不仅仅是发货、回款那么简单了，因为电商客户对发行人员提出了更高的要求。营销发行人员需要具备互联网思维，要比以往更懂产品和营销宣传，还要懂电商渠道的专业知识。现在是第三阶段，即新媒体时代，社交电商、短视频及直播带货异军突起，新渠道让营销发行人员离读者更近，直面零售和读者，营销渠道越来越短，销售终端越来越多，以往图书发行员固有的发行工作模式和习惯已不能应对瞬息万变的市场需求。

呼唤精准营销是出版企业自身面临的高质量增长的需要。近年来，行业竞争空前激烈，利润率日益降低，库存规模居高不下。为推动出版企业实施精品战略，要减少新书品种，向单品要效益。行业主管部门进一步规范书号实名申领，加强书号总量宏观调控，压缩出版品种，推动出版业追求高质量发展。越来越强调单品种效益意味着出版企业的发行部门不能再靠简单堆砌发货码洋取得规模增长，必须立足市场，思考如何利用现有产品资源在现有渠道扩大销售，如何在激烈的折扣战中保持出版企业的盈利水平，如何平衡新渠道和传统渠道的销售策略。可以说，精品出版战略呼唤精准营销策略。适应精准营销要求的发行队伍是出版企业从数量规模发展向质量效益转型的重要力量。

传统发行人员自身痼疾亟待解决，转型升级是体现岗位价值的需要。要解决思维固化、知识更新缓慢的问题。相当一部分业务员仍旧依靠固有经验，因循旧有发行模式，只会沟通人，不会沟通品，只关注发货和回款，不关注本企业产品在渠道的实际销售，可以说只知发货不懂营销。要解决学习能力不足的问题。一部分业务员不乐于也不善于学习和研究市场变化，面对新媒体渠道和社群电商的强势崛起，或者视而不见，或者避之不及，对新鲜事物没有足够的敏感度。要解决创新力和执行力不强的问题。一部分业务员面对新业态新渠道要求的快节奏不能适应，工作节奏效率有待提升，习惯为停滞不前或工作干不出成绩找各种理由与借口。

毋庸讳言，出版企业本质是内容创意生产，编辑是出版活动的龙头和核心，在出版企业中，编辑部门在专业技能、知识含量和行业关系方面都居于优势地位。在当前出版新业态的背景下，发行人员更应该顺应形势发展，加强对新业务、新渠道、新业态知识的学习和运用，从单纯的业务员转型成为复合型人才，才能在企业未来发展中体现自身价值，不至于被行业发展所淘汰。

第二节　营销人员需要提升自身的基本功

新业态对市场营销人员提出了更新和更高的要求，因此市场营销人员必须不断提升自身的基本功，才能适应新业态的市场环境，具体而言，可通过以下几个方面来提升自身的能力：

精准把握市场脉搏，提升参与选题策划的能力。发行营销人员应该跳出传统等书入库再研究发行的固有思维习惯，更加深入参与前端选题策划，帮助编辑设计更贴近市场的产品。新渠道新玩法令人目不暇接，市场需求和风口不断改变，作为身在市场一线的发行人员，应该发挥自己直连市场的优势，更灵敏地收集市场信息，更及时地反馈渠道需求，把真实的市场需求反馈给编辑。发行人员应该更精准更有效地介入选题策划，从产品策划、市场调研、产品设计到营销宣传，做到全程参与，从而成为选题建设的第一推动力。

统筹传统渠道和新兴渠道资源，提升精准营销的能力。面对不断迭代的渠道，发行人员应具备足够的应变能力，对当前各个渠道的发展态势，特别是新媒体渠道的特点有清晰的认识；既要看到拥抱新技术和新媒体渠道是图书市场发展的必然趋势，也要正确认识传统电商渠道和地面渠道的价值。唯有统筹好各渠道资源，为产品匹配最合适的渠道，为产品设计最优化的渠道营销方案，根据不同渠道设计差异化的选题，才能最大限度地达成销售目标。在新媒体渠道盛行的当下，无论是新媒体还是传统渠道，对销售品种的选择都更加严格，只有卖点清晰、购买理由充分的产品才能为渠道所重视。这就要求发行队伍具备精准的理解能力和准确的表达能力，以便有效对接渠道，说服渠道，充分传达图书内容的价值。

以用户为中心，提升服务客户的能力。懂营销是新业态下发行营销人员的基本素质要求。唯有懂营销，懂得自己手里有多少牌可打、怎么打，才能在迅速更替的新业态新渠道中，创新营销方式，掌握好新的销售渠道。像京东、当当、天猫、社群这类线上通道对出版企业的发行人员提出的要求变得多元，发行人员必须深度掌握产品并与营销深度融合：从营销宣传、发货上架、销售、渠道反馈到读者互动，都直接参与；从简单的发货回款、跑片区沟通客情，升级到做好客户服务，为客户提供促销资源、产品培训、帮助实现销售、最终回款的全流程服务。

第三节　如何提升发行团队的营销能力

随着市场营销人员能力的提升，发行团队也必须提升营销能力，更好地为营销人员提供职业发展平台，为出版企业培养更多优秀人才，推动图书走向市场，创造业绩。

制定适应新媒体时代的发行考核激励机制。出版企业应改革发行考核评价机制，以更好地适应新业态的发展。企业建立考核激励机制的目的在于使员工付出的劳动得到有效的肯定与回报，科学的激励制度能有效激发企业员工的主观能动性。新媒体营销人员在当前的出版营销中已成为一支重要力量，这些掌握新技术、新思维、新技巧和新方法的营销岗位人才，不同于传统的营销人员。比如，网页设计师、新媒体营销人员、大数据分析与决策者、自营电商渠道管理与客服人员，甚至那些掌握新媒体技术手段的传统渠道销售推广人员，他们的工作模式很多地方不同于传统发行人员，具有工作强度高和不断创新的特点。如何制定适用于新型营销人才和新型工作岗位的绩效考评机制，从而激发新型发行人员工作的积极性，是一项新课题。

吸纳培育新媒体时代的新型营销人才。新业态要求传统营销人员转型升级成新型营销人才，因循守旧将会使企业销售陷入困境。出版管理者要站在企业长远发展的高度，认识到吸纳新型营销人才是实现企业跨越式发展的关键。出版企业需要吸纳具有新媒体运营能力的人才，既要重视企业内部挖潜，有针对性地进行选拔和培养，建设和完善企业内部新型营销人才梯队，也应该在整个行业内物色适合本企业的新型营销人才，甚至到出版行业外去挖掘符合企业新业态发展的人才。出版行业外适合本企业发展要求的人才，有可能为出版企业带来新的理念，促进本企业快速适应新媒体时代的发展。

加强对营销发行队伍的日常岗位培训和团队建设。企业员工培训的最终目的是增强企业的核心竞争力。在持续向前发展的企业里，企业管理者给员工最好的保障就是不断地为其提供提升职业技能的培训。出版企业要加强对发行团队的岗位技能培训，特别是在新媒体时代，以新的知识和理念来充实发行营销人员的头脑尤其重要。安排有关销售渠道新变化的培训课程，推动发行团队更新其知识储备，更主要的是转变其思想观念。建设学习型团队既是当前新媒体时代保持团队竞争力的主要途径，也是未来出版企业发行队伍转型发展的必然方向。在技能层面培训的同时，还应该重视发行部门的团队建设。团队建设应植根于企业文化建设，让员工对本企业的价值观产生持久的认同感。这是出版企业应对内外部变化、提升团队凝聚力和战斗力的必由之路。

第四节　新业态下发行团队的构建方向和未来趋势

新业态下，出版企业在迎接机遇的同时，也面临着挑战，营销人员、发行团队必须不断提升自身能力，以应对日新月异的市场环境，具体而言，可以通过以下几个方向来努力：

构建适应新业态新渠道的发行营销组织构架。出版企业应根据发货渠道和业务模式的改变，适时调整发行销售部门的构架，重新进行人力资源配置，重构适应新渠道发展的管理组织架构，以充分释放新渠道的增长潜力，同时激活传统发行渠道的活力，为企业带来更大的发展空间。当前，很多出版企业已经在发行部内部进行了组织构架的调整。例如，在童书出版领域一直领跑市场的接力出版社，很早就根据市场渠道的变化改变了发行体系。2018年，接力出版社进行了营销部门的组织调整，将传统的发行部一分为三：发行一部负责传统实体书店，发行二部负责传统电商和社群电商，发行三部负责天猫旗舰店和天猫渠道。2020年，接力出版社增设发行四部，将天猫渠道从发行三部中剥离出来，独立运营，旨在强化天猫渠道和天猫旗舰店的增长，以及强化社群电商业务的增长。2020年11月至2021年3月，接力出版社一般图书发货码洋为2.87亿元，同比增长61.8%。不同的发行渠道有各自的销售逻辑、资源优势和平台规则，出版企业发行部内部体制机制的创新就是为不断顺应渠道的变化，以确保专业技术人才适配专业岗位，充分发挥自己专业知识技能。

出版企业管理者在构建新渠道组织管理时，应积极学习借鉴先进企业的组织管理模式，但应注意的是，直接照搬其他先进企业的工作模式，多少都会存在不同程度的问题。任何新的营销工作模式的构建都是对本企业既有营销模式的重构，在先进工作模式引进的过程中，也应该结合出版企业内部实际情况展开分析，做好工作模式的优化和调整，解决工作中实际存在的问题，避免其与实际情况产生冲突，从而将其转化成符合本企业实际需求的模式。

构建发行部与编辑部合作共赢的出版企业文化。编辑部与发行部是一对矛盾统一体，其分歧点在于对产品市场价值的认识。实际上，如果编辑只管编，发行只管发，必然就会出现矛盾。如何在对立中寻求统一，这就需要编辑和发行双方共同努力：编辑让发行更早地介入选题开发，编辑在提出选题之初，就通过发行部进行充分的市场调研，而不是闭门造车，凭个人喜好作出书来，再由发行部被动征订；编辑主动向发行人员介绍产品优势卖点及其生产进度，有利于发行部在了解生产进度的前提下，与编辑一起规划好产品投放市场的销售时机和适合的渠道。发行把渠道资源开放给编辑，与编辑组合成营销团队，一起深入各地销售市场进行实地调研，对接重要渠道客户，取得真实的渠道和客户反馈信息。这样的良性互动可激发两个部门更深度的合作。发行充分参与选题策划，编辑深度参与渠道建设，精诚合作，才能形成受市场欢迎的精品图书。

构建以内容营销为中心的跨部门网格化合作机制。在构建适应新渠道的发行部组织构架和构建新型编发关系之后，应进一步构建各部门间的新型协作关系。扁平化管理是现代企业管理的重要原则，在不增设部门和层级的情况下，驱动企业内部结构进一步调整，突破原有选题策划、编辑生产、发行营销前后一条线的传统管理模式，构建以选题内容为中心的项目组来运营产品。当一个选题作为重要项目立项后，编辑、营销宣传、发行、数字出版乃至版权经理等各部门都同时协同运作，让高质量内容能够在多部门网格化的组织结构下协同运作，形成资源合力。这种以内容为核心的项目组，工作配合灵活，管理方式简单，沟通及时，反应迅速，可实现产品效益和效率的最大化。对于发行营销人员来讲，是否主动配合编辑人员进行执行营销计划，是否积极参与选题策划和产品设计，是否积极将市场信息及时准确反馈给编辑人员等都将与自身绩效的实现直接相关，这就鼓励发行人员不仅要做自己的工作，而且还要积极关注编辑甚至其他环节工作。这种组织机制带来了编辑和发行关系的重新构建，真正形成编发合力，相互融合、共同发展，达到共赢。

构建发行营销人员的未来职业发展通道。出版的融合发展将逐渐消解传统的专业分工，使编辑不再是传统意义上的编辑，要向营销发展；营销也不再是传统意义上的营销，要向编辑发展。北京华章图书信息有限公司的体制机制就值得借鉴，尽管其探讨的是出版企业的市场部营销编辑的职业路径，但是对传统发行员的职业发展有所启发。北京华章图书信息有限公司称市场部永远是策划编辑的孵化器。普通发行员首先应该成长为一个图书细分领域的专家型营销人员，他能精准掌握本企业图书产品的市场价值，依靠自身对图书内容的专业知识，为产品找到最合适的渠道，在编辑和市场之间搭建更加容易沟通的桥梁，提高出版效率。当营销发行人员成长为细分销售领域专家后，就有成为优秀策划编辑的潜质。营销发行人员要想真正成功地向策划编辑发展，靠的一定是其对产品和市场两端都具备深厚的专业知识，既懂市场也懂产品。策划能力是出版企业的核心竞争力，当一名发行人员融合了编辑、营销和传统发行技能之后，就具备成为统筹图书产品的项目经理人的条件，能够扛起重点出版项目运营的任务。出版企业应根据自身长远发展的需求，重点培养发行人员的工匠精神，促进其朝着这一专业化方向发展，以提升本企业的整体竞争力。

　　日新月异，出版业态在不断变化中，我们的研究立足当下，但其实转眼即成过往，所以期待我们当下的探索能适应不断的变化，或提前作出预备动作，以丰盈的状态迎接出版业新的盛况。

参考书目

1. 郭萍. 网络强国新业态：网络产业创生［M］. 北京：知识产权出版社，2018.

2. 王关义，等. 传统出版融合发展的路径与对策研究［M］. 北京：人民出版社，2020.

3. 刘银娣. 数字出版概论［M］. 广州：华南理工大学出版社，2019.

4. 裴永刚. 中国数字出版产业链整合研究［M］. 北京：中国传媒大学出版社，2021.

5. 石明贵，丁贵广，任岩，李冬. 数字出版实务［M］. 北京：清华大学出版社，2020.

6. 陈洁. 数字出版商业模式研究［M］. 北京：中国社会科学出版社，2017.

7. 侯欣洁. 中国数字出版产业政策研究［M］. 北京：中国传媒大学出版社，2016.

8. 张立. 2019—2020中国数字出版产业年度报告［R］. 北京：中国书籍出版社，2020.

9. 欧阳友权. 中国网络文学二十年［M］. 南京：江苏凤凰文艺出版社，2019.

10. 邵燕君，肖映萱. 创始者说：网络文学网站创始人访谈录［M］. 北京：北京大学出版社，2020.

11. 李灵灵. 媒体与中国网络文学 ［M］. 南京：东南大学出版社，2020.

12. 张邦卫，杨向荣，等. 网络时代的文学书写 ［M］. 北京：中国社会科学出版社，2016.

13. 刘运峰，李广欣. 媒介融合时代的编辑与出版 ［M］. 天津：南开大学出版社，2016.

14. 杨玲，田新民. 媒介融合理论研究及国外出版融合案例分析 ［M］. 北京：对外经贸大学出版社，2021.